Gerhard Wild

Selbst
Öfen und Kamine
bauen

Compact Verlag

© 2002 Compact Verlag München
Nachdruck, auch auszugsweise,
nur mit ausdrücklicher Genehmigung
des Verlages gestattet.
Alle Anleitungen wurden sorgfältig
erprobt – eine Haftung kann
dennoch nicht übernommen werden.
Redaktionsleitung: Claudia Schäfer
Redaktion: Barbara Fellenberg
Umschlaggestaltung: Ingeborg Cisse
Umschlagfotos: Scholl Keramik GmbH,
Neustadt/W. (große Abb.)
Produktion: Martina Baur
Druck: Color-Offset GmbH, München
ISBN: 3-8174-2268-7
2222681

Besuchen Sie uns im Internet:
www.compactverlag.de

Ein Wort zuvor

Selbermachen – ein Hobby, das heute für Millionen zur sinnvollen Freizeitbeschäftigung geworden ist. Ob es sich nun um die gemietete Altbauwohnung oder um die eigenen vier Wände handelt, mit etwas Geschick und einer fachmännischen Anleitung lassen sich oft verblüffende Ergebnisse erzielen: bei kleineren Reparaturen, beim Renovieren und Verschönern und beim Um- und Ausbauen.

Und Selbermachen bringt Spaß und Freude an der eigenen Arbeit, deren Ergebnis man Tag für Tag sehen und »bewundern« kann; es spart Geld, mit dem sich langgehegte Wünsche erfüllen lassen, und es macht unabhängig von Handwerkern, auf die man womöglich wochenlang und schließlich vergeblich gewartet hat.

Fachgeschäfte, Heimwerker- und Baumärkte versorgen den Hobby-Handwerker mit allen Werkzeugen und Materialien, die er braucht. Doch richtiges Werkzeug und Begeisterung allein reichen nicht aus. Unerläßlich

sind eine gründliche Vorbereitung und Fachkenntnisse, wie eine Arbeit durchzuführen und was dabei zu beachten ist.

COMPACT PRAXIS **Selbst Öfen und Kamine bauen** zeigt, wie man's macht. Mit wertvollen Tips und Tricks, die sich in der Praxis tausendfach bewährt haben. Jeder Arbeitsgang wird ausführlich Schritt für Schritt gezeigt und in Bild und Text erläutert. Übersichtliche Symbole zeigen auf einen Blick, mit welchem Schwierigkeitsgrad, welchem Kraft- und Zeitaufwand Sie bei jedem Arbeitsgang rechnen müssen, welche Werkzeuge Sie brauchen und wieviel Geld Sie durch Ihre eigene Arbeit einsparen können.

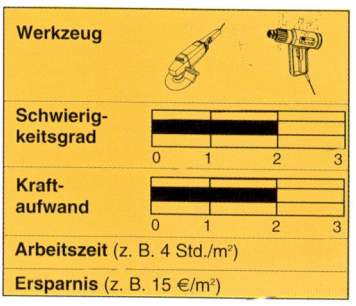

Werkzeug		
Schwierig-keitsgrad	0 1 2 3	
Kraft-aufwand	0 1 2 3	
Arbeitszeit (z. B. 4 Std./m²)		
Ersparnis (z. B. 15 €/m²)		

Und so stufen Sie sich richtig ein:

Schwierigkeitsgrad 1 – Arbeiten, die auch der Ungeübte ausführen kann. Es ist nur geringes handwerkliches Geschick erforderlich.

Schwierigkeitsgrad 2 – Arbeiten, die einige Übung im Umgang mit Werkzeug und Material erfordern. Es ist handwerklich durchschnittliches Geschick notwendig.

Schwierigkeitsgrad 3 – Arbeiten, die fachmännische Übung erfordern. Überdurchschnittliches Geschick ist erforderlich.

Kraftaufwand 1 – Leichte Arbeit, die jeder bequem erledigen kann.

Kraftaufwand 2 – Arbeiten, die eine gewisse körperliche Kraft voraussetzen.

Kraftaufwand 3 – Arbeiten für kräftige Heimwerker, die keine »Knochenarbeit« scheuen.

Inhaltsverzeichnis

Auf einen Blick

Inhaltsverzeichnis

Werkzeugkunde

Grundkurse

Arbeitsanleitungen

Sachwortregister

Abbildungsverzeichnis

Fachbegriffe von A bis Z

Abgasstutzen

Beim Abgasstutzen handelt es sich um das Anschlußstück des Brenners zur Verbindung mit dem Rauchgasrohr zum Nachheizkasten oder zum Kamin.

Abnahme

Jede in einem Gebäude installierte Feuerstelle muß vor ihrer ersten Inbetriebnahme beim örtlich zuständigen Schornsteinfegermeister angemeldet und von diesem abgenommen werden.

Abzugshaube

Die Abzugshaube ist eine trichterförmige Abdeckung über der Feuerstelle eines offenen Kamins. Sie sammelt das Rauchgas und leitet es zum Kamin.

Anheizklappe

Die Anheizklappe lenkt das Rauchgas einer Feuerstelle auf verschiedenen Wegen zum Kamin. In der Anbrandphase, in welcher der Kamin kalt ist, wird der Rauchgasweg verkürzt und damit das Anbrennen erleichtert. Ist der Kamin dann warm, kann das Rauchgas auf einem längeren Weg durch den Kachelofen geleitet werden und dabei mehr Wärme im Wohnraum abgeben.

Asche

Bei der Verbrennung von Holz und Kohle bleibt als unverbrennbarer Rest Asche übrig.
Die Aschemenge ist abhängig vom Rohstoff (Kohle oder Holz), von der Qualität des Brennstoffs (sauber, trocken) sowie von der Verbrennungsart (Warmluftofen, Grundofen).
Bei der Verbrennung im Grundofen (Tiroler Verbrennung) bleibt als Ascherest ungefähr die Hälfte der Aschemenge der Verbrennung im Warmluftofen übrig. Wird ausschließlich sauberes, trockenes Holz verbrannt, kann die anfallende Asche kompostiert werden.

Ausfütterung

Die Ausfütterung ist die Füllung von Kacheln zum Ofenkern / Heizeinsatz hin. Durch diese Ausfütterung erhöht sich die Speichermasse des Kachelofens.
Eine höhere Speichermasse bedeutet eine längere Aufheizphase und eine längere Wärmeabgabephase.
Auf die Ausfütterung der Kacheln kann verzichtet werden, um in einem bestimmten Bereich die Ofentemperatur zu erhöhen.

Bratrohr

Ein Bratrohr ist in Zusammenhang mit einem Kachelofen ein Zusatzprodukt, das von einigen Herstellern von Warmluftofeneinsätzen angeboten wird. Es ist darauf zu achten, daß die Bratrohrtemperatur zu regeln ist. (Beachten Sie die Abgrenzung zum Warmhaltefach).

Brennraum

Im Brennraum findet der Abbrand des jeweiligen Brennstoffs statt. Hier befindet sich fast immer die heißeste Stelle des Kachelofens. Sollte sich der Brennraum nicht im Bereich des zu beheizenden Raums befinden, so ist gegebenenfalls für eine entsprechende Isolierung des Brennraums zu sorgen.

Computersimulation

Bei der Computersimulation werden die einzelnen Phasen des Abbrands rechnerisch dargestellt: so zeigt sich, an welcher Stelle der Kachelofen bei welcher Menge Brennholz mit wieviel Prozent Restfeuchte wie schnell welche Temperatur erreicht. Der Brennraum und die Rauchgaszüge können dann optimal auf den vorhandenen Kamin abgestimmt werden. Auf diese Weise werden die Schadstoffe im Abgas und der Brennstoffverbrauch auf ein Mindestmaß reduziert.

Die im Brennstoff vorhandene Energie kann so weit wie möglich für die Heizleistung entzogen werden, ohne daß der Ofen nicht mehr richtig zieht.

Dämmstoffe

Im Kachelofenbau werden Dämmstoffe verwendet, um Wärmeverluste an Stellen, an denen es nicht gewollt ist, zu vermeiden oder um das ungewollte Aufheizen der an den Kachelofen angrenzenden Wände und anderer Gegenstände zu vermeiden. In der Praxis kommen beim Kachelofenbau fast ausschließlich formstabile Mineralfaserplatten, die sauber und staubfrei verklebt sind, zum Einsatz (Alukaschierung).

Doppelrohrbogen

Der Doppelrohrbogen stellt beim Warmluft- oder Kombiofen die Verbindung zwischen dem Heizeinsatz und dem Nachheizkasten bzw. den keramischen Nachheizzügen dar. Er besteht in der Regel aus zwei Teilen, die durch eine Dichtungsschelle verbun-

den sind. In den Bögen (Knien) sollten Putzöffnungen vorhanden sein.

Drosselklappe

Bei der Drosselklappe handelt es sich um eine Einrichtung im Abgasstutzen, die das vom Kamin angezogene Rauchgas bremst. Durch die geringere Rauchgasgeschwindigkeit wird weniger Sauerstoff in den Brennraum angesaugt, was zu einem langsameren Abbrand führt. Wird eine offene Flamme durch zu wenig Sauerstoff in ihrer Entfaltung gehemmt, entstehen überproportional viele Schadstoffe.

Feuerraum

siehe Brennraum.

Feuerungsverordnung

Die FeuVO 1/80 ist eine Musterverordnung über Feuerungsanlagen und dazugehörende Anlagen. Sie stellt u. a. die Vorschrift auf, daß von Feuerstätten, Verbindungsstücken und Schornsteinen keine Gefahren oder unzumutbaren Belästigungen ausgehen dürfen.

Frischluftkanal

Beim Betrieb eines Dauerbrand-

ofens ist eine entsprechend dem Rauchgasabzug dimensionierte Frischluftzufuhr zu gewährleisten. Diese kann durch einen direkten Luftkanal ins Freie, durch einen Lüftungskanal in den Heizungsraum mit Zwangsbelüftung oder durch Belüftung mit Türen ohne vollständigen Türanschlag (unter den Türen hindurch kann sich der Luftdruck im ganzen Haus ausgleichen) erfolgen.

Bei allen Kachelöfen, mit Ausnahme des Grundofens und des Hypokaustenofens (mit Grundofenheizsystem), ist diese Frischluftzufuhr erforderlich.

Gasschlitz

Der Gasschlitz ist eine Verbindung durch genau dimensionierte Bohrungen, auf kurzem Weg vom Brennraum zum Kamin, für das unverbrannte Holzgas im Grundofen.

Dieses Holzgas könnte sich sonst in den Zügen eines Grundofens sammeln, wenn die Luftzufuhr unterbunden würde, bevor die Vergasungsphase des Holzes beendet ist.

Wenn dann das Holzgas mit Sauerstoff und einem Zündfunken in Kontakt käme, wäre es möglich, daß dieses Gas im Ofen explodiert. Der Grundofen würde dauerhaften Schaden nehmen. Bei gut berechneten Grundöfen ist dieses Risiko, das in jedem Fall auf einen Bedienungsfehler zurückzuführen ist, sehr gering. Bei Kachelofenbausätzen mit Funktionsgarantie kann dieses Risiko in der Praxis nicht vom Hersteller / Garantiegeber auf den Kunden übertragen werden. Der Bedienungsfehler ist nur sehr schwer nachweisbar.

Glasur

Die Oberfläche eines keramischen Gegenstandes, die durch Aufbringung von Pulvern oder Flüssigkeiten und anschließendem Brennen ein farbiges, glasähnliches Aussehen erhält.

Grundofen

Im Grundofen wird der Brennstoff am Ofengrund verbrannt (Tiroler Verbrennung).
Diese Verbrennung eignet sich nur für Holz.
Befindet sich ein Rost im Brennraum, mit darunterliegendem Ascheschuber, ist auch die Verbrennung von Kohle möglich.
Dann handelt es sich aber nicht mehr um eine echte Grundofenverbrennung.

Bei der Tiroler Verbrennung gibt es keinen Ascheschuber.
Die Brennraumtemperaturen sind so hoch (bis über 1000° C), daß das Holz beinahe vollständig verbrennt. Der geringe Ascherest kann im Brennraum verbleiben. Der Grundofen heizt überwiegend durch Strahlungswärme.

Hafnerdraht

Federstahldraht mit 2-4 mm Durchmesser, der zu Hafnerklammern gebogen wird.

Hafnerklammern

Mit Vorspannung gebogener Hafnerdraht zur Verbindung der Kacheln und Schamotteplatten untereinander sowie zur Fixierung der Kacheln an der zur Ausrichtung der Kacheln angelegten Holzlatte beim Aufbau.

Heizeinsatz

Der Heizeinsatz ist eine Gußbrennkammer für den Warmluft- oder Kombikachelofen sowie für den Heizkamin.
Diese Brennkammer kann nur für Holzbrand oder auch für den Abbrand von Kohle (mit Rost) geeignet sein. Hochwertige Heizeinsätze sind heutzutage ausschamottiert. Heizeinsätze mit ei-

ner DIN-Norm erfüllen diese in der Regel nur in Verbindung mit einem Nachheizkasten.
Die hohe Heizleistung dieser Einsätze entsteht durch die Lufterwärmung an ihrer heißen Oberfläche. Durch spezielle Gestaltung dieser Oberfläche (Heizrippen) wird dieser Effekt noch verstärkt (Konvektion).
Nach einer relativ kurzen Anheizphase steht eine hohe Heizleistung zur Verfügung.

Heizkamin

Der Heizkamin entspricht in seiner Funktionsweise weitgehend dem Warmluftofen. Im Unterschied zu diesem steht beim Heizkamin die große Glastür mit der freien Sicht zum Feuer im Vordergrund.
Einen Nachheizkasten besitzen Heizkamine in der Regel nicht.
Sie sind ein Zwischenschritt von der Gemütlichkeit des offenen Kaminfeuers hin zu einer vernünftigen Heizleistung.

Heizwert

Der Heizwert ist die freigegebene Energiemenge des Brennmaterials. Er wird gewöhnlich in kWh pro kg gemessen.
Bei Holz spielt dabei die Holzart

und der Feuchtigkeitsgrad zum Zeitpunkt der Verbrennung eine wesentliche Rolle. Beim Abbrand muß erst die sich im Holz befindliche Feuchtigkeitsmenge verdampft werden. Erst die darüber hinausgehende, durch die Verbrennung freigesetzte Energie kann zu Heizzwecken genutzt werden.

Hinterlüftung

Zwischen einem Grundofen und der Wand ist ein ca. 10 cm breiter Zwischenraum. Da der Ofen auch zur Wand hin Wärme abgibt, sorgt man in diesem Bereich für eine Luftströmung und führt die Wärme ab.
Die Luft kann dabei im Sockelbereich des Grundofens einströmen und im oberen Ofenbereich wieder ausströmen. Da es sich dabei um maximal 30 Prozent der Heizleistung des Grundofens handelt, entsteht im Wohnraum keine Luftzirkulation.

Kacheln

Kacheln sind aus Ton hergestellte, geformte und anschließend gebrannte, mit einer Glasur überzogene Gestaltungselemente im Kachelofenbau. Bei entsprechender Erwärmung geben sie eine Wärmestrahlung nahe des Infrarotstrahlungsbereichs ab. (Dies entspricht weitgehend der natürlichen, langwelligen Wärmestrahlung der Sonne. Nach bisherigen Erkenntnissen werden dabei keine kurzwelligen Strahlungen freigesetzt.)
Es gibt die unterschiedlichsten Formen und Farben bei Kacheln. Für das Setzen der Kacheln ist von Bedeutung, ob es sich um Kacheln der üblichen Art mit Steg auf der Rückseite, um Vollkacheln oder um Kacheln mit Kleberumpf handelt.

Kachelofen

Unter Kachelofen versteht man eine Heizquelle im Haus, deren Oberfläche mit Kacheln gestaltet ist, die aber auch verputzt sein kann. In der Regel handelt es sich dabei um einen Holzbrandofen. Ist im Brennraum ein Rost vorhanden, kann auch Kohle verbrannt werden. Mit der Bezeichnung Kachelofen kann ein Warmluftkachelofen, ein Kombinationskachelofen, ein Grundkachelofen, ein Hypokaustenofen oder ein Heizkamin gemeint sein. In letzter Zeit kamen auch mit Gas oder Öl beheizte Kachelöfen auf den Markt.

Kachelofenbausatz

Bei einem Kachelofenbausatz handelt es sich um ein von einem Hafnermeisterbetrieb zum Selbstbau vorbereitetes Material für einen Kachelofen. In dieser Vorbereitung ist meist die Gestaltung und Berechnung des Kachelofens eingeschlossen. Einige Hersteller solcher Bausätze übernehmen auch für den Selbstbau eine volle Funktionsgarantie. Es ist darauf zu achten, daß bei der Berechnung die richtigen Kamindaten verwendet werden.

Kamin

siehe Schornstein.

Kaminbesteck

Das Kaminbesteck besteht aus einem Besen, einer Schaufel, einer Zange und einem Haken mit langem Stiel und meist wärmeisoliertem Griff.
Besonders beim Bedienen des heißen Kachelofens leistet es wertvolle Dienste.

Kaminofen

Der Kaminofen ist ein Ofentyp, der aus Guß und Stahl hergestellt wird und im fertigen Zustand transportiert werden kann. Gelegentlich besteht seine Oberfläche auch aus speziell für diesen Ofen gefertigten Kacheln. Meistens haben solche Öfen Glastüren.

Kleberumpf

Der Kleberumpf bei Kacheln ist ein an die Außenkanten der Kacheln verschobener Steg.

Der Kleberumpf bei Kacheln hat im Gegensatz zu Kacheln mit Steg den Vorteil, daß die Kacheln nicht geklammert werden müssen, sondern wie Steine aufeinander geklebt werden können. Das erleichtert die Arbeit ganz erheblich.

Kombinationsofen

Der Kombinationskachelofen funktioniert grundsätzlich wie ein Warmluftkachelofen. Statt des Nachheizkastens aus Blech oder Guß besitzt er keramische Nachheizzüge mit einer höheren Speicherfähigkeit. Man kann einen Teil eines solchen Ofens so planen, daß dort die Wärme durch Strahlung abgegeben wird.

Konvektion

Konvektion bedeutet, daß (im Fall des Kachelofens) Luft einen heißen Gegenstand (Gußbrennraum und Nachheizkasten) umströmt und von dort Wärme mitführt. Diese heiße Luft steigt nach oben und kältere Raumluft fällt nach unten. Dadurch entsteht im Wohnraum eine Zirkulation, die relativ schnell dazu führt, daß die gesamte Luft im Raum erwärmt wird. Dabei wird allerdings auch der sonst absinkende Staub immer wieder nach oben gewirbelt.

Lüfterkachel

Dekorativ gestaltete Kachel mit Öffnungen, aus denen die am Kachelofeneinsatz erwärmte Luft in den Wohnraum ausströmen kann.

Luftgitter

Eine Öffnung aus Metall, aus der die am Kachelofeneinsatz erwärmte Luft in den Wohnraum ausströmen kann. Diese Lüftungsgitter weisen meist Lamellen auf. Werden mehrere Räume beheizt, läßt sich durch Öffnen und Schließen dieser Lamellen steuern, in welchen Raum wieviel Warmluft gelangt.

Luftschieber

Der Luftschieber ist ein Regelmechanismus, mit dem die in den Brennraum gelangende Frischluftmenge gesteuert wird. (Gelangt zu wenig Sauerstoff in den Brennraum, wird die Verbrennung schlechter und er verrußt).

Nachheizkasten

Der Nachheizkasten ist eine dem Heizeinsatz nachgeschaltete Heizfläche. Das den Heizeinsatz verlassende Rauchgas wird über einen Fall- und einen Steigzug aus Guß oder Stahlblech geleitet, um zusätzlich Wärme zu gewinnen.

Die meisten Heizeinsätze bringen ihre angegebene Heizleistung nur in Verbindung mit einem Nachheizkasten.

Nennwärmeleistung

Die Nennwärmeleistung gibt die Heizleistung des Ofens bei optimaler Füllung und bestimmten Umgebungsbedingungen an.

Rauchgasrohr

Das Rauchgasrohr ist das Verbindungsrohr vom Heizeinsatz zum Nachheizkasten und von diesem weiter bis zum Kaminanschluß.

Reinigungsöffnung

Die Reinigungsöffnungen im Kachelofen müssen so verteilt sein, daß der sich ablagernde Ruß immer wieder aus allen Zügen des

Kachelofens entfernt werden kann.

Rumpf
Bezeichnung für die Rückseite von Ofenkacheln.

Ruß
Ruß ist ein bei der Verbrennung übrigbleibender Kohlenstoff.

Schamotte
Aus Ton hergestellte und gebrannte Steine in verschiedenen Größen. Schamotte vertragen hohe Temperaturen. Durch ihre Speicherfähigkeit und die Temperaturbeständigkeit sind sie ein idealer Baustoff für Kachelöfen.

Schornstein
Der Schornstein ist ein Rauchgasrohr, das in der Regel vom Kellerboden senkrecht nach oben bis über das Dach hinausragt.

Sesselofen
Sesselförmige Kombination eines Kachelofens mit einem Herd.

Sims
Wulstartiger oberer und unterer Abschluß einer senkrechten Kachelofenfläche.

Sockel
Unterbau, auf den der Kachelofen aufgesetzt wird.

Steintrennmaschine
Eine Art Kreissäge zum Schneiden von keramischen Materialien und Naturstein. Das spezielle Sägeblatt wird beim Schneidevorgang mit Wasser gekühlt.

Strahlungswärme
Von heißen Oberflächen ausgehende Strahlung.

Taupunkt
Die Stelle, an der die im Rauchgas enthaltene Feuchtigkeit kondensiert.

Versottung
Teerähnliche Ablagerung an den Kaminwänden. Sie entsteht vor allem bei der Verbrennung von feuchten Brennmaterialien. Auch eine falsche Berechnung des Kachelofens (zu lange Züge) kann dazu führen. Der Taupunkt liegt dann im Kamin und dieser kann dadurch nie austrocknen.

Wärmetauscher
Eine Vorrichtung in Kachelöfen, mit der die Wärme auf einen Wasserkreislauf übertragen wird.

Warmhaltefach
Ein in den Kachelofen eingebauter Blechkasten mit einer Ziertür an der Vorderseite. Er eignet sich nur zum Warmhalten, nicht zum Kochen.

Warmluftofen
Ein durch Konvektion heizender Kachelofen. Durch die entstehende Luftzirkulation wird der ganze Wohnraum erwärmt.

Wasserschiff
Ein Wasserbecken in Küchenherden. Das Wasser wird beim Heizen des Ofens automatisch immer mit erhitzt. Sie haben dadurch immer warmes Wasser zur Verfügung, und gleichzeitig wird durch das ständige Verdampfen von Wasser das Austrocknen der Wohnraumluft verhindert.

Wirkungsgrad
Der Wirkungsgrad ist das Verhältnis von eingesetzter Brennstoffmenge (Brennwert) zur gewonnen Wärmemenge in Prozent.

Zwickersteine
Kleine keilförmige Schamotte. Sie werden zur Ausrichtung der Kacheln am Kachelofen verwendet.

Der Kamin ist der Motor des Kachelofens

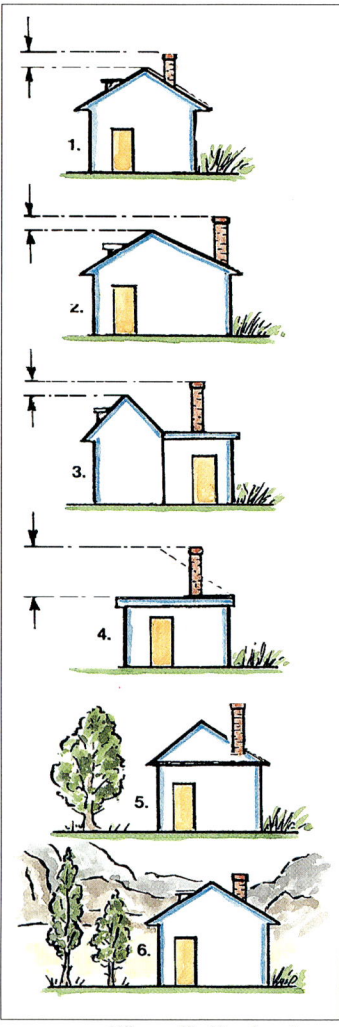

Häuser für Kaminschema

Ein Kachelofen ist eine sehr schöne, angenehme und romantische Wärmequelle. Er wird in der Regel mit Holz befeuert, einem wieder nachwachsendem Rohstoff. Um diesen oder auch einen anderen Rohstoff sauber verbrennen zu können, bedarf es eines geeigneten Kamins. Im Volksmund wird immer von einem gut ziehenden Ofen gesprochen und dabei übersehen, daß die Leistung des Ziehens in erster Linie auf das Konto des Kamins geht. Der **Kamin** zieht und saugt dabei das im Brennraum des Ofens entstehende Rauchgas durch die Züge des Kachelofens und anschließend durch den Kamin selbst ins Freie. Der Kamin ist also der Motor des Kachelofens. Unterschiedliche Kachelofenarten stellen unterschiedliche Ansprüche an den Kamin. Je größer der Kachelofen und damit die Heizleistung wird, um so größer muß auch der Brennraum werden, um ausreichend Brennmaterial einbringen zu können. Entsprechend leistungsfähiger muß auch der Schornstein Ihres Hauses sein. Da in der Regel der Kamin bereits steht, empfiehlt es sich, den Kachelofen genau für den vorhandenen Kamin zu planen. Wenn Sie Ihren Kachelofen selbst bauen, sollten Sie sich Rat vom Hafnermeister holen. Falls Sie Ihren Kachelofen in ein neu entstehendes Haus setzen, haben Sie keine Probleme. Teilen Sie dem planenden Architekten Ihr Vorhaben mit. Er wird dann alles Erforderliche veranlassen, damit Ihr Haus einen geeigneten Kamin erhält. Bei einem älteren Haus, für das kein Kachelofen geplant war, prüfen Sie bitte die Schornsteineignung. Die Schornsteinmündung muß im freien Windstrom liegen, damit der Wind nicht auf dem Schornstein liegt. Dazu muß der **Schornstein** den Dachfirst um 40 cm überragen (*1* u. *2*) bzw. die Schornsteinmündung muß zum Dach 140 cm Abstand haben. Bei Flachdächern muß der Schornstein so geplant werden, daß er diese Bedingungen für ein angenommenes Dach mit 35 Grad Dachneigung erfüllen würde (*3* u. *4*). Besondere örtliche Lagen, wie z. B. Hanglagen, Kessellagen, große Baumgruppen usw. können die Luftströmung stark beeinflussen und dazu führen, daß der Kamin nicht richtig zieht (*5* u. *6*). Beachten Sie bitte auch die unterschiedlichen gesetzlichen Bestimmungen in den einzelnen Bundesländern. Der zuständige Schornsteinfegermeister kann Ihnen konkrete Auskünfte geben. Bei Kachelofenheizeinsätzen finden Sie unter den Technikangaben auch den Mindestförderdruck, den der Kamin, an den dieser Einsatz angeschlossen wird, haben muß.

Bei **Grundofenbausätzen** werden die Kamindaten wie die wirksame Höhe des Kamins (die Höhe vom Brennraumboden des Kachelofens zur Oberkante des Kamins), der Kaminquerschnitt, das Material, aus dem er besteht, die Isolierung und Hinterlüftung ermittelt und der Ofen passend zum Kamin berechnet und gebaut. Nebenstehende Bilder zeigen einen einzugigen und einen zweizugigen Kaminstein. Der Kamin besteht aus einer Außenschale, in welche die Hinterlüftungsschächte bereits eingearbeitet sind. Darin befindet sich die Isolierung, die das aus Schamotte bestehende Rauchgasrohr umhüllt. In neuen Häusern befinden sich meist nach diesem Schema aufgebaute Kamine mit zwei Zügen. (Separate Züge für Zentralheizung und Kachelofen).

Einzelzug-Aufbauschema

Gesamtkaminschema

Zweizugiger Kamin

Der richtige Kachelofen

Warmluftofen

Wenn wir an einen Kachelofen denken, dann fallen uns Dinge wie Wärme, Gemütlichkeit, Wohnraumatmosphäre, knisterndes Holz oder offenes Feuer ein. Wer denkt da schon an die dahintersteckende **Technik**. Punkte wie Ökologie, Ökonomie und die Art, wie die Wärme in den Wohnraum abgegeben wird, spielen heute eine immer wichtigere Rolle. Je nach Art des Kachelofens gibt es da einige Unterschiede. Daß Sie nur einen Kachelofen bauen sollten, dessen Technik dem heutigen Stand der Technik entspricht, versteht sich von selbst. Durch eine gute Verbrennung werden die Schadstoffe im Rauchgas des Kachelofens erheblich reduziert. Bei Einsätzen für Warmluftkachelöfen, Kombi- Kachelöfen und Heizkaminen sowie bei Kaminöfen können Sie aufgrund der technischen Daten und der Produktbeschreibung sehr gut vergleichen. Achten Sie bitte darauf, daß bei den Angaben eine DIN-Reg.Nr. angegeben ist. Sie können dann relativ sicher sein, daß die Angaben auch den Tatsachen entsprechen. Bei Grundöfen gibt es keine solche Angaben. Grundöfen werden aus Schamotte ohne Metalleinsätze aufgemauert. Dabei ändert sich das Innenleben (der Ofenkern) je nach Aussehen, Ofengröße und Kaminzugvermögen. Die richtige **Berechnung** eines Grundofens (mit richtiger Gestaltung des Brennraumes und allen Zügen) ist, wenn man es richtig machen will, sehr umfangreich. Die Berechnung sollte einem Fachmann überlassen werden.

Es gibt Grundofenhersteller, die einen passend zu Ihrem Kamln berechneten Grundofenkern mit Aufbauanleitung für Selbstbauer anbieten. Auch dabei können Sie Ihre eigenen gestalterischen Vorstellungen von Ihrem Kachelofen weitestgehend realisieren. Bei diesen Kernbausätzen sind die Schamotte bereits in der richtigen Form. Sie sparen sich dadurch sehr viel Schneidearbeit und Zeit. Gleichzeitig übernehmen diese Firmen auch beim Selbstbau die Funktionsgarantie für Ihren Kachelofen.

Mit einer **Computersimulation** belegen Ihnen diese Firmen den Abbrandverlauf und die Aufheizphase Ihres Ofens. Beim Grundofenkern sollten Sie auf höchste Qualität achten. Ausgebrannte

Grundofen

Schamotte bedeuten beim Grundofen ein Abtragen des Ofens und nach Auswechslung der schadhaften Schamotte einen Neuaufbau. Hochwertige Schamotte in nicht zu großen Formaten haben, wie die Praxis gezeigt hat, eine sehr lange Lebensdauer. Und eine gute saubere **Verbrennung** ist wichtig für die Haltbarkeit von Schamotte.

Jede unterschiedliche Art von Kachelöfen gibt die Wärme anders an den Wohnraum ab. Dabei entstehen bestimmte Charakteristiken, die Sie in Ihre Wahl einfließen lassen sollten. Überlegen Sie sich, welche Vorteile für Sie wichtig sind oder welche Nachteile Sie in Kauf nehmen können. Nehmen Sie diese Entscheidung nicht auf die leichte Schulter. Ein guter Kachelofen hält bei ordentlicher Pflege ein Leben lang. Ob ein Kachelofen verkachelt oder verputzt ist, hat für die Heizleistung keine erwähnenswerte Bedeutung. Lassen Sie hier einfach Ihren Geschmack entscheiden. Grundsätzlich können alle Kachelofenarten verputzt oder verkachelt gesetzt werden. (Zur gesundheitlichen Bewertung von Heizungen siehe S. 17).

Kombiofen

Baubiologische Bewertung von Heizungs-Systemen

Nr.	Bewertungskriterien	Kachel-/ Grund- ofen	Warm- luftka- chelofen	Offener Kamin	Einzelofen Holz/ Kohle	Elektr. Spei- cher	Wand- Heizg.	Fuß- boden- Heizg.
1	Strahlung	3	1	3	1	1	3	1
2	Luftzirkulation	3	0	3	0	1	3	1
3	Lufttemperatur	3	1	3	0	0	3	1
4	Heizkörper-Temperatur	3	1	3	0	0	3	3
5	Luftqualität/Geruch	3	1	3	0	0	3	3
6	Luftfeuchte	3	1	3	0	0	2 (3)	1
7	Temperatur-Gradienten	3	1	1	0	0	3	1
8	Ionisation	3	1	3	1	0	2(3)	1
9	Raumlüftung	2	2	3	2	0	2	0
10	Elektr. u. magn. Felder	3	1	3	2	0	2(3)	0
11	Elektrost. Aufladungen	3	1	3	1	1	3	1
12	Kosm.-terrestr. Einstrahlung	3	3	3	3	1	3	0
13	Lärm/Hellhörigkeit	3	2	3	3	3	2	2
14	Reinigung/Entstaubung	3	1	1	1	1	3	2
15	Hausklima i.G.	3	1	3	1	1	3	1
16	Bedienung/Komfort	2	2	1	1	3	3	3
17	Wirkungsgrad	3	2	1	1	0	3	1
18	Kosten/Nutzung	3	3	2	2	2	2	1
19	Umweltbelastung	2	2	2	2	1	3	1
20	Energie- u. Stahl-Problematik	3	2	3	2	1	2(3)	1
	Punkte-Bewertung *)	66	31	59	24	18	62(66)	24
	Note	3	2	3	1	1	3	1

*) Doppelte Gewichtung bei Nr. 1, 2, 3   Notenschlüssel: 0 = erhebliche Mängel   2 = befriedigend
  Max. Punktzahl: 69   1 = bedenklich   3 = gut zu empf.

Warmluftofen

Brunner Zierfront

Nachheizkasten

Warmluftofen

Beim Warmluftkachelofen wird um einen Metallbrennraum und einem dazu passenden Nachheizkasten aus Gußeisen oder Blech eine **Ummauerung** aufgebaut. Diese »Ummauerung« kann sowohl eine aus Schamotte aufgebaute und verputzte Mauer als auch ein Kachelmantel sein. Granit, Marmor usw. oder keramische Materialien eignen sich ebenfalls gut zur Oberflächengestaltung.

Beim Warmluft-Kachelofen befindet sich im Sockelbereich eine Öffnung, durch die Luft zwischen den Metallkern und die Ummauerung gelangt. An der heißen Oberfläche des Metallkerns erhitzt sich die Luft, die dann nach oben steigt und durch Lüftungsgitter oder Lüfterkacheln wieder zurück in den Wohnraum gelangt. Dadurch entsteht im Wohnraum eine Konvektion (Luftzirkulation), durch welche die Raumluft relativ schnell aufgeheizt wird. Dafür kühlt der Ofen auch schnell wieder ab, nachdem das Feuer ausgegangen ist. Die Ummauerung oder der Kachelmantel erwärmt sich nur langsam und hat eine geringe Speicherkapazität. Bei längeren Heizphasen erhitzt sich auch die Ummauerung und gibt Strahlungswärme ab. Befindet sich im Brennraum ein Rost, kann der Kachelofen auch mit Kohle beheizt werden. Beim Verbrennen von Kohle ist der Schadstoffausstoß aber viel größer als beim Abbrand von Holz.

Es gibt auch **Heizeinsätze** für die Verbrennung von Gas oder Öl. Hochwertig Heizeinsätze sind gut ausschamottiert, obwohl dadurch die Zeitspanne bis zur Erwärmung der Raumluft verlängert wird. Immer mehr werden diese Einsätze ohne Rost verwendet. Sie sind somit nur zur Holzverbrennung geeignet. Bei diesen Einsätzen ist das Feuer auf dem Ofengrund. Der Abbrand erfolgt nach dem gleichen Prinzip wie beim Grundofen. Da die Wärme über die Metalloberfläche schnell an die Luft abgegeben wird, ist die Brennraumtemperatur allerdings geringer als beim Grundofen. Im Nachheizkasten wird dem Rauchgas weitere Wärme entzogen, die für die Raumheizung genutzt wird. Bei Warmluft-Kachelöfen kann aus einer verhältnismäßig kleinen Ofenfläche eine große Heizleistung gewonnen werden.

Schema eines Warmluftofens

Kombiofen

Kombiofen

Der Kombi-Kachelofen entspricht in seiner Funktionsweise und seinem Aufbau weitgehend dem Warmluft-Kachelofen. Im Unterschied zu diesem wird im Kombiofen die **Speicherfähigkeit** des Ofenkerns und der Anteil der Wärme, die in Form von Strahlung abgegeben wird, erhöht.

Zu diesem Zweck verwendet man bei den Kombi-Kachelöfen nur gut ausschamottierte Metalleinsätze, die bei verschiedenen Herstellern sogar noch »isoliert« werden. Die Oberfläche dieses Einsatzes wird nicht so heiß. Die Brennraumtemperatur steigt dadurch an. So wird die Verbrennung verbessert, es entstehen weniger Schadstoffe im Rauchgas. Gleichzeitig sinkt der Brennstoffverbrauch.

Natürlich ist bei dieser Anordnung auch das den Brennraum verlassende **Rauchgas** heißer. Um diese Wärme zu speichern, setzt man beim Kombi-Kachelofen einen möglichst großen, aus Schamotte aufgemauerten Nachheizzug. (Bitte genau berechnen, sonst kann es sein, daß der Ofen nicht mehr richtig zieht.) Die Schamotte sind ein guter Wärmespeicher. Der Ofen gibt die gespeicherte Wärme dann über Stunden gleichmäßig ab. Dadurch erwärmt sich auch die Ummauerung (der Kachelmantel) stärker als beim schnell abkühlenden Warmluft-Kachelofen. Sie gibt diese Wärme als Strahlungswärme an den Wohnraum ab.

Von der Gesamtwärmeabgabe dieser Kombi-Kachelöfen werden ca. 35 Prozent als Strahlungswärme und ca. 65 Prozent als Konvektionswärme an den Wohnraum abgegeben.

Schema eines Kombiofens

Heizkamin

Heizkamin

Der Heizkamin entspricht in seiner Funktionsweise und seinem Aufbau weitgehend dem Warmluftkachelofen. Der Heizkamin besteht aus einem **Guß-Heizeinsatz** mit großer Glasscheibe, die mit einem Schamotte- / Kachelmantel gestalterisch umbaut wird.

Im Sockelbereich gelangt die Luft zwischen den Metalleinsatz und die Ummauerung; sie erhitzt sich an der heißen Oberfläche des Heizeinsatzes und gelangt durch ein Warmluftgitter oder durch Lüfterkacheln im oberen Bereich des Heizkamins wieder in den Wohnraum. Dadurch entsteht eine Konvektion, welche die Raumluft relativ schnell aufheizt. Es wird allerdings, wie bei allen Heizanlagen mit überwiegendem Warmluftanteil, zuerst an der Zimmerdecke warm.

Um in Bodennähe Temperaturen von ca. 19°C zu erreichen, muß die Luft an der Zimmerdecke auf ca. 30°C erwärmt werden. Da warme Luft nach oben steigt, ergibt sich diese Temperaturverteilung. Beim Heizkamin schafft allerdings die große Glasscheibe, durch die das Feuer sichtbar ist, einen gewissen Ausgleich. Die Strahlungswärme des Feuers dringt durch die Glasscheibe und sorgt für eine angenehme und gleichmäßigere Wärmeverteilung; denn Strahlung erwärmt nicht die Luft, sondern nur die Gegenstände auf die sie trifft. Erst an diesen erwärmten Gegenständen nimmt dann die Luft Wärme auf. Der Heizkamin bietet auch die Möglichkeit, sofern er an einen nur von ihm belegten Schornsteinzug angeschlossen ist, bei offener Glastür die Vorteile des offenen Feuers zu genießen.

Schema eines Heizkamins

Grundofen

Grundofen

Der Grundofen in seiner klassischen Bauart wird vor Ort aus **Schamotte** aufgebaut. Er kommt bis auf die Ofentür, die Hafnerklammern bzw. Verbindungsstifte und den Rauchrohranschluß zum Kamin, völlig ohne Metallteile aus. Das Feuer wird im **Brennraum** auf dem Ofengrund entzündet. Der Brennraum muß in seiner Form und Größe zu den anschließenden Zügen passen. Das Ganze wiederum muß so dimensioniert sein, daß der Kamin in der Lage ist, das Rauchgas vom Brennraum durch die Züge in den Kamin zu ziehen. Dieser Ofenkern wird jetzt mit einer weiteren Schamottemauer oder mit Kacheln ummantelt. Diese Ummantelung kann unterschiedlich dick sein. Von der Wandstärke hängt es ab, wie lange es dauert, bis der Kachelofen an seiner Oberfläche heiß wird. Man spricht von leichter, mittelschwerer oder schwerer Bauart. Bei einer leichten Bauart beträgt die Gesamtwandstärke ca. 8 - 10 cm. Bei voller Füllung des Brennraums mit trockenem Holz (Restfeuchte ca. 15 - 18 Prozent) erzielen Sie damit eine Heizleistung von ca. 1150 W/m². Von einer mittelschweren Bauart spricht man bei einer Wandstärke von ca. 10,5 - 12 cm. Bei voller Füllung des Brennraums erzielen Sie damit eine Heizleistung von ca. 930 W/m². Von einer schweren Bauart spricht man bei Wandstärken von ca. 12,5 - 14 cm. Damit erzielen Sie eine Heizleistung von ca. 700 W/m².

Die Aufheizzeit beträgt je nach Bauart beim leichten Grundofen ca. 1 Std. und bei der schweren Bauart bis über 2 Std.
Für eine saubere Verbrennung ist es auch erforderlich, für genügend Sauerstoff im Brennraum zu sorgen. Da beim Grundofen keine separate Luftzuführung in den Brennraum besteht, muß dies durch die Fülltüre geschehen. Zu diesem Zweck verwendet man beim Grundofen in der Regel **Ofentüren**, die hinter der äußeren, dicht schließenden Tür noch eine zweite Feuerspritzschutztür mit ausreichend großen Luftschlitzen haben. Einen Aschekasten gibt es beim Grundofen nicht. Die am Ofengrund übrigbleibende Asche dient als Unterlage für das nächste Feuer. In einem guten Grundofen entsteht eine sehr hohe Abbrandtempera-

tur. Erst wenn kein offenes (gelbes) Feuer mehr im Grundofen brennt (nach ca. 1 Std.) und nur noch ein blaues Glimmen über der Glut liegt, kann die äußere Brennraumtür geschlossen werden. Diese Tür ist so konstruiert, daß die Luftzufuhr in den Brennraum damit unterbunden ist. Die Glut im Brennraum verbraucht dann den noch vorhandenen Sauerstoff. Da so keine kühle Raumluft mehr in den Brennraum kommt, steigt die Brennraumtemperatur auf bis über 1050°C. Bei dieser hohen Temperatur reicht der im Holz gebundene Sauerstoff aus, die Glut noch über viele Stunden aufrechtzuerhalten. Das Holz wird dabei bis auf einige unverbrennbare Mineralstoffe und Metalle völlig verbrannt. Es fällt daher fast keine Asche an. Beim Grundofen wird die Wärme überwiegend als Strahlungswärme an den Wohnraum abgegeben. Die Schamotte im Brennraum erhitzen sich, speichern die Wärmeenergie des Feuers und leiten sie langsam an die Oberfläche weiter. Im Wohnraum entsteht keine staubaufwirbelnde Luftzirkulation, auch kommt es nicht zum Wärmestau an der Zimmerdecke.

Schema eines Grundofens

Offener Kamin

Offener Kamin

Der offene Kamin ist die ursprünglichste Feuerstelle. Im Prinzip handelt es sich dabei um eine feuerfeste Unterlage, auf der **Holz** aufgeschichtet und verbrannt wird. Darüber befindet sich ein Rauchgassammler, der den Rauch zum Kamin und durch diesen ins Freie befördert.

Der offene Kamin läßt sich in gleicher Weise optisch gestalten wie alle anderen Kachelöfen. Durch das zum Raum hin offene Feuer entsteht eine beruhigende Wohnraumatmosphäre. Der Geruch des verbrennenden Holzes wird intensiver wahrgenommen. Allerdings birgt das angenehme Knistern Gefahren in sich. Es handelt sich dabei um kleine Explosionen im Holz, die dazu führen können, daß brennende Holzstücke in den Raum geschleudert werden. Lassen Sie also bitte nie Feuer in einem offenen Kamin unbeaufsichtigt brennen. Heiztechnisch ist der offene Kamin eher bedeutungslos. Sein Wirkungsgrad liegt bei ca. 10 Prozent. Für einen offenen Kamin benötigt man einen sehr gut ziehenden Kamin mit mindestens 25 cm Durchmesser. Hierzu ist eine Rauchgasklappe erforderlich.

Schema eines offenen Kamins

Kaminofen

Kaminofen

Ein Kaminofen ist in der Regel eine aus Blech oder Guß gefertigte Feuerstätte, die in einer Fabrik hergestellt und anschlußfertig geliefert wird. Er ist mit unterschiedlichen Kacheln individuell gestaltbar. Ein Kaminofen bietet die Möglichkeit, auf kleinstem Raum ein sichtbares Feuer in der Wohnung zu haben.

Sicherheitstip

Denken Sie bitte daran, daß rund um die Feuerstelle ein feuerfester Bodenbelag vorhanden sein muß.

Auch beim Kaminofen ist es wichtig, mit dem Schornsteinfegermeister den Ofenanschluß zu besprechen. Beachten Sie bitte, daß der Kaminofen eine DIN-Registriernummer hat. Bei einem Kaminofen der Bauart 2 nach DIN 18891 (Betrieb mit geöffneter und geschlossener Tür) ist ein eigener Schornsteinzug erforderlich. Bei einem Kaminofen der Bauart 1 nach DIN 18891 (selbstschließende Tür) ist auch eine Mehrfachbelegung des Schornsteinzugs zulässig.

Kaminofen

Selbstbau –
für jeden der richtige Schwierigkeitsgrad

Aufbauanleitung

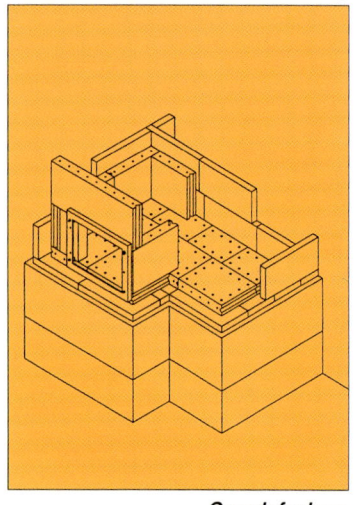

Grundofenkern

Beim Kachelofenselbstbau gibt es unterschiedliche Schwierigkeitsgrade. Sie können von der Planung bis zum fertig gesetzten Ofen alles selbst machen, oder Sie fragen den Hafnermeister um Rat. Mit seiner Hilfe fällt das Planen, Gestalten, Stücklisten erstellen usw. wesentlich leichter. Außerdem wird er dann sicher weiterhelfen, wenn man sich hilfesuchend an ihn wendet. Bevor man vom Entschluß, sich selbst einen Kachelofen zu bauen, zur Tat schreitet, sollte man sich selbst prüfen, ob man sich nicht übernimmt. **Kachelofenbau** ist bestimmt keine Zauberei. Jeder geschickte Hobbybastler ist bei entsprechender technischer Anleitung oder Unterstützung in der Lage, sich einen Kachelofen zu bauen. Bedenken Sie bitte, daß Sie durch den Betrieb Ihres Kachelofens Rauchgas und in geringen Mengen Schadstoffe an die Umgebung abgeben. Ihre Nachbarn sind Ihnen sicherlich dankbar, wenn Sie sehr gewissenhaft vorgehen. Der örtlich zuständige Schornsteinfegermeister muß Ihren Kachelofen abnehmen, damit Sie diesen betreiben dürfen. Es gibt verschiedene Möglichkeiten, seine Schaf-

fenskraft in den geplanten Kachelofen einzubringen.

Wer handwerklich schon Erfahrungen gesammelt hat und einfach den Wunsch hat, seinen Kachelofen selbst zu gestalten, für den bietet sich die Möglichkeit, sich einen Ofensetzerbetrieb zu suchen, bei dem man ihn bei der Planung, der Materialbeschaffung, der Warenlieferung und dem Aufbau unterstützt. Das kann in der Praxis so aussehen, daß Sie beim Kachelofenbauer einen kompletten Ofenbausatz kaufen, und der Ofensetzer dann ein, zwei oder auch drei Tage mithilft. In dieser Zeit ist dann die Technik und der grobe Aufbau des Ofens fertiggestellt, und Sie können, ohne sich Gedanken über die Technik / Funktionssicherheit und Stabilität des Ofens machen zu müssen, die Oberfläche Ihres Kachelofens fertigstellen. Unterschätzen Sie diese Arbeit nicht, Sie sind damit ein paar Tage beschäftigt. Nachdem Sie auch schon bei den anderen Arbeiten unter Mithilfe des Ofensetzers mitgearbeitet haben, sollten Sie für diese Art des Kachelofenselbstbaus eine Woche Urlaub kalkulieren.

Der erfahrene Hobbyhandwerker kann innerhalb eines Tages mit dem Ofensetzer zusammen den Brennraum und den Nachheizkasten bzw. die Rauchgaszüge aufstellen. Der Kaminanschluß ist der Punkt, den der Schornsteinfegermeister in erster Linie prüft. Wenn Sie sich für einen Bausatz mit guter Dokumentation entschlossen haben, wird der restliche Aufbau ein Vergnügen.

Wenn Sie zu den Profis gehören, die bereits über umfangreiche handwerkliche Erfahrung verfügen, und vielleicht schon einmal einen Kachelofen mitgebaut haben, dann sind Sie sicher auch in der Lage einen Kachelofen zu setzen.

In jedem Fall sollten Sie die Kamineignung vom Schornsteinfegermeister prüfen lassen.

Prüfen Sie bitte auch, ob der vorgesehene Ofenstandort für das Gewicht des Kachelofens geeignet ist. Ein Grundofen wiegt ca. 200 kg / m² Oberfläche (bei 11 cm Wandstärke). Ein Grundofen mit ca. 5 m² Oberfläche wiegt also ca. 1000 kg.

Bei einem Warmluft-Kachelofen ist der erforderliche Rauchgasförderdruck in Pa (Pascal) im Datenblatt abzulesen.

Profitip
Einen Grundofen oder Kombi-Kachelofen lassen Sie bitte von einem Fachmann genau für Ihren Kamin berechnen. Gutes und ausreichendes Arbeitsmaterial rechnet sich auf jeden Fall.

Was bekomme ich wo?

	Hafnerfachbetrieb	Baustoffhandel	Baumarkt	Baumaschinenhandel
Heizeinsätze/Nachheizkasten	x			
Ofenbausätze	x			
Schamotte	x	x	x	
Kacheln	x			
Fliesen	x	x	x	
Leichtbausteine	x	x	x	
Rauchgasrohre/ Kaminanschlußstutzen	x	x	x	
Hafnerputz/ Hafnermörtel / Haftputz	x	x		
Säurekleber	x	x		
Flexkleber	x	x	x	
Ziegelgitter/ Putzgitter	x	x		
Steintrennmaschine	x			x
Werkzeug	x	x	x	

Diese Auflistung ist nur eine allgemeine Information und stellt keinen Anspruch auf Vollständigkeit.

Planung

Bevor Sie mit dem Bauen Ihres Kachelofens beginnen können, bedarf es erst einer Planung. Unter Kachelofen versteht man nicht nur einen Holzbrand- oder Kohleofen, der verkachelt ist, sondern auch in der Form vergleichbare Öfen, die verputzt sind. Da in einigen Baugebieten das Verbrennen von bestimmten **Brennstoffen** verboten ist (Auskünfte darüber erhalten Sie im Bebauungs-

plan oder beim für Sie zuständigen Schornsteinfegermeister), werden in Kachelöfen auch Einsätze mit Gas- bzw. Ölbrennern eingesetzt. Ebenfalls ist es möglich, einen Kachelofen elektrisch zu beheizen. Eine exakte Planung erleichtert den Aufbau des Kachelofens ganz erheblich. Sicher haben Sie sich schon Gedanken gemacht, wo der Ofen stehen, wie er aussehen und wel-

che Heizleistung er haben soll. Es kann passieren, daß sich nicht alle Punkte unter einen Hut bringen lassen. Wenn es irgendwie möglich ist, sollte der Kachelofen möglichst nah am Kamin stehen. Anderenfalls ergibt sich die Problematik, daß ein Rauchgasrohr mit entsprechendem Durchmesser bis zum Kamin geführt werden muß. Dieses Rauchgasrohr muß in die Berechnung Ihres Kachelofens mit einbezogen werden. Um den Heizeinsatz in Ihrem Kachelofen muß ein genügend großer **Luftraum** bleiben, damit ausreichend Luft an ihm vorbeiströmen, sich erwärmen und diese Wärme in den Wohnraum tragen kann.

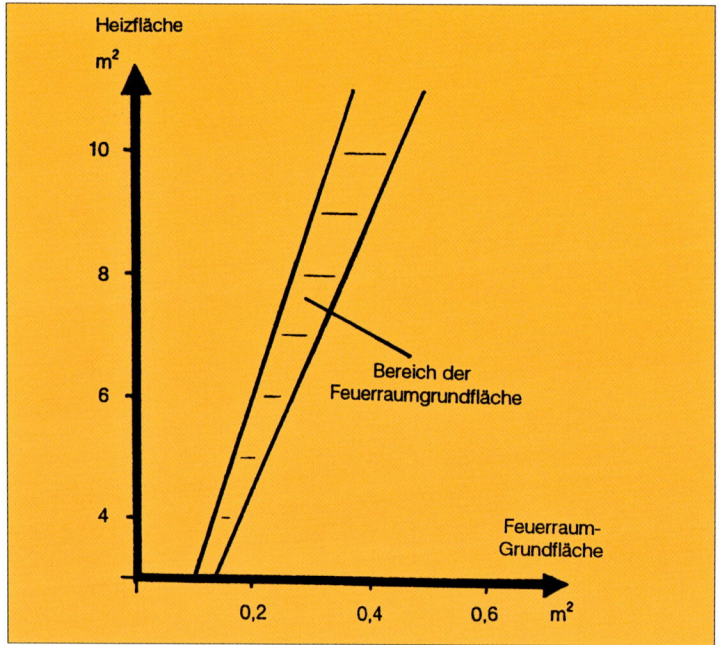

Brennraumberechnung Grundfläche

Sicherheitstip
Vergessen Sie bitte nicht die erforderliche Isolierung der Wand. Bei einem Grundofen ist darauf zu achten, daß der Ofen nur dort richtig heiß wird, wo auch ein Rauchgaszug gebaut werden kann. Dazu muß mit mindestens 45 cm Bautiefe geplant werden. Für den Brennraum sollten Sie eine Fläche von mindestens 60 x 60 cm einplanen.

Bei der **linken** Abbildung können Sie die erforderliche Grundfläche des Brennraums, abhängig von der Ofenoberfläche (Grundofen), feststellen. Der **rechten** Abbildung entnehmen Sie bitte die erforderliche Brennraumhöhe in Abhängigkeit von der Ofenoberfläche. Insgesamt sollten Sie ausreichend Platz für Ihren Kachelofen bereitstellen.

Wenn diese grundsätzlichen Dinge abgeklärt sind, können Sie sich Gedanken über die **Gestaltung** des Kachelofens machen. Der Kachelofen ist in dem Raum, in dem er steht, nicht nur eine angenehme Wärmequelle, sondern auch ein gestalterisches Element. Ein verputzter, weiß gestrichener Kachelofen läßt sich mit fast jeder Einrichtung kombinieren. Durch Anbau oder Entfernen von Putzsimsen läßt er sich ohne Probleme leicht verändern. Er kann somit von rustikal auf modern oder umgekehrt geändert werden. Wenn Sie sich für einen verkachelten Ofen entscheiden, beachten Sie bitte, daß ein Kachelofen mit dunkler Kachelfarbe wesentlich dominanter wirkt als ein Kachelofen mit hellen Kacheln. Ein voll verkachelter Ofen kostet je nach Größe des Kachelofens

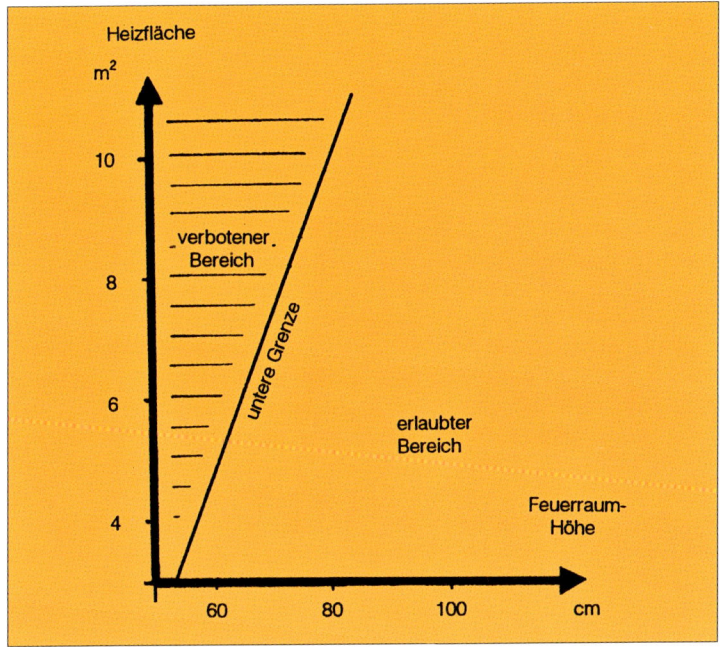

Brennraumberechnung Feuerraumhöhe

zwischen ungefähr 1000 und 7600 € mehr als ein verputzter Kachelofen. Das Setzen eines voll verkachelten Ofens erfordert erhebliches handwerkliches Geschick. Natürlich können Sie auch nur einen Teil des Kachelofens verkacheln. Sehr häufig werden die Öfen verputzt und die waagerechten Flächen

des Ofens verkachelt. Das hat den Vorteil, daß der Ofen sehr leicht von Staubablagerungen gereinigt werden kann, Sie aber trotzdem einen hellen verputzten Kachelofen haben. Es besteht kein Unterschied in der Heizleistung, ob der Ofen verkachelt oder verputzt ist. Der Strahlungsanteil an der Wärmeabgabe ist bei verkachelten Öfen minimal größer. Der Unterschied ist aber so gering, daß Sie ihn nicht bemerken werden. Bei der Verbrennung verbraucht der Kachelofen »Luft«. Diese Luft, die als Rauchgas Ihr Haus durch den Schornstein verläßt, muß auf irgendeine Weise in dem Raum, aus dem sich der Kachelofen seine Verbrennungsluft holt, ersetzt werden. Wäre das nicht der Fall, würde in diesem Raum ein Unterdruck entstehen. Von dem Zeitpunkt an, von dem der Unterdruck so stark wird, daß der Schornstein nicht mehr in der Lage ist, das Rauchgas ins Freie zu ziehen, könnte sich der Prozeß umkehren. Der Kachelofen würde seine **Verbrennungsluft** durch den Kamin ansaugen und das Rauchgas an den Wohnraum abgeben. Diese Vergiftungsgefahr muß ausgeschlossen werden. Aus diesem Grund ist eine nicht verschließbare Zuluftführung in diesen Raum vorgeschrieben. Das kann durch einen direkt ins Freie führenden Luftkanal oder durch einen Luftkanal in den Heizungsraum mit Zwangsbelüftung erfolgen. Bei einem Grundofen reicht es, wenn die Türen im Haus nicht rundum anschlagen.

Dadurch kann sich der Luftdruck im ganzen Haus ausgleichen. Da der Grundofen ja nur ca. 1 Std. pro Befeuerung Luft verbraucht, reicht für ihn diese einfachere Lösung aus. Befragen Sie aber bitte auch in diesem Punkt vorher den örtlich zuständigen Schornsteinfegermeister; er muß das bei der Abnahme des Kachelofens prüfen. Nachdem dann alle für die Planung wichtigen Punkte abgeklärt wurden und die Entscheidung für einen bestimmten Kachelofen getroffen wurde, können Sie jetzt Ihre Vorstellung vom Kachelofen zu Papier bringen. Je detaillierter Sie hier arbeiten, desto leichter tun Sie sich beim Ofensetzen und desto genauer stimmt Ihre Warenbestellung.

Profitip

Da viele erforderlichen Teile für Ihren Kachelofen nur beim Ofensetzermeister zu bekommen sind, lassen Sie ihn doch auch bei der Planung seinen Beitrag leisten. Und wenn der Ofen dann optimal funktioniert und die Umwelt nicht mehr als unbedingt nötig belastet, haben Sie der Natur einen guten Dienst erwiesen.

Wenn dann der Grundriß für Ihren Kachelofen steht, wissen Sie auch, in welchem Bereich Sie den Boden entsprechend vorbereiten müssen.

Sicherheitstip

Ein Kachelofen darf auf keinen Fall auf einen schwimmenden Estrich gestellt werden. Die Isolierung würde zusammengepreßt werden und eine Schallbrücke würde entstehen.

Der Bereich, in dem der Ofen stehen soll, muß also von der Estrichplatte im Raum getrennt werden. Sie können den **Estrich** unter dem Kachelofen aussparen und den Ofen auf die gefliese Betonplatte stellen. Eine andere Möglichkeit ist, unter den Ofen einen Estrichsockel zu setzen.

Dieser Estrich muß aber durch eine Dehnungsfuge außerhalb des Kachelofens vom schwimmenden Estrich des Raums getrennt sein.

In einem Neubau gibt es in dieser Hinsicht keine Probleme. Wenn bereits ein schwimmender Estrich verlegt ist, muß dieser entweder herausgeschnitten oder

der Ofen auf Stürze gestellt werden. Dazu werden je nach Größe und Form des Kachelofens mehrere Löcher durch den Estrich gebohrt, Stelzen im darunter liegenden Beton verankert und **Betonstürze** darüber gelegt.

Der Kachelofen steht dann auf diesen Stürzen. Der Kachelofen darf auf keinen Boden gestellt werden, in dem eine Fußbodenheizung verlegt ist. In diesem Fall müssen Sie sehr vorsichtig durch den Estrich bohren, um kein Heizungsrohr zu beschädigen. Der Ofen muß dann auf Stürzen stehen. Bei einem Holzboden oder ähnlichem Aufbau muß ein mindestens 50 mm starkes Betonfundament gesetzt werden.

Das Betonfundament ist mit Dachpappe, PVC-Folie oder einem vergleichbaren Material zu unterlegen. Markieren Sie sich unbedingt die Balkenlage, damit Sie den Sockel des Ofens so setzen können, daß das Gewicht so weit wie möglich auf und nicht zwischen den Balken liegt. Lassen Sie die Tragfähigkeit des Bodens im Zweifelsfall bitte sorgfältig prüfen. Sparen am falschen Platz kann hier viel Geld kosten.

Beton- bzw. Estrichsockel

Warmluftofen

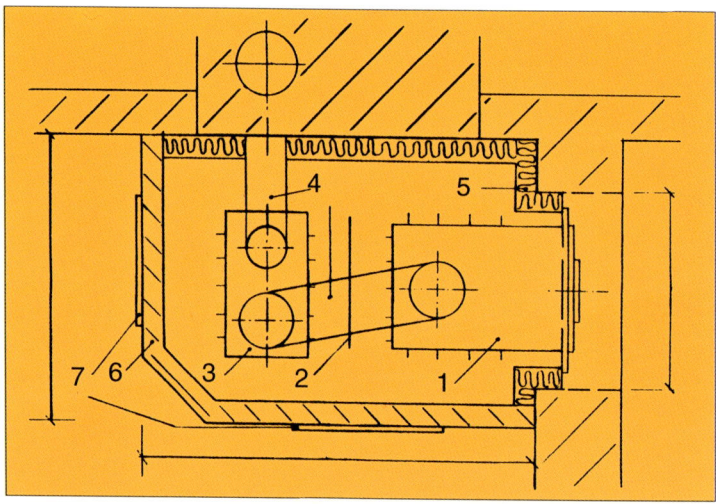

Grundriß Warmluftofen

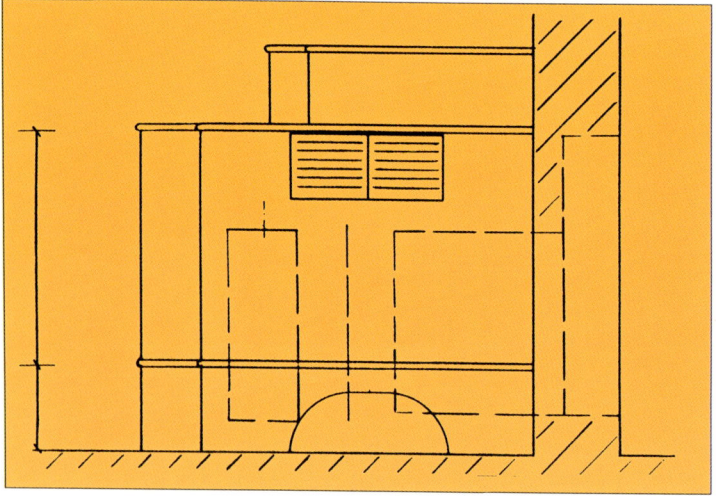

Aufriß Warmluftofen

Für die Planung eines Warmluftofens besorgen Sie sich ein **Datenblatt** von dem Heizeinsatz, den Sie verwenden wollen. In der Regel liegt diesem Datenblatt eine Maßstabskizze 1:10 bei. Wenn Sie sich für Ihre Ofenplanung ebenfalls einen Grundrißplan 1:10 fertigen, können Sie die Maße des Einsatzes übernehmen. Sie sehen sofort, wo Ihre Planung zu klein war oder wo Platz übrig ist. Zum Heizeinsatz gehört ein nach DIN passender Nachheizkasten. Die erforderliche Höhe des Kachelofens über dem Einsatz ergibt sich aus der Höhe des Heizeinsatzes + mindestens 15 cm Fußhöhe + Rauchgasstutzen + 15 cm Zwischenraum Oberkante Rauchgasstutzen zur Innenseite der Ofendecke + Stärke der Ofendecke. Der seitliche Abstand zwischen Heizeinsatz und Ofenwand muß mindestens 10 cm betragen. Zur Wohnraumwand hin ist eine Isolierung mit Reflexionsschichten nötig. Die nachfolgenden Ziffern gelten als Erklärung für die obere Skizze:

1 = Heizeinsatz, 2 = Rückstrahlblech, 3 = Nachheizkasten, 4 = Rauchgasrohre, 5 = Wandisolierung, 6 = sichtbare Kachelofenwand, 7 = Luftgitter.

Kombiofen

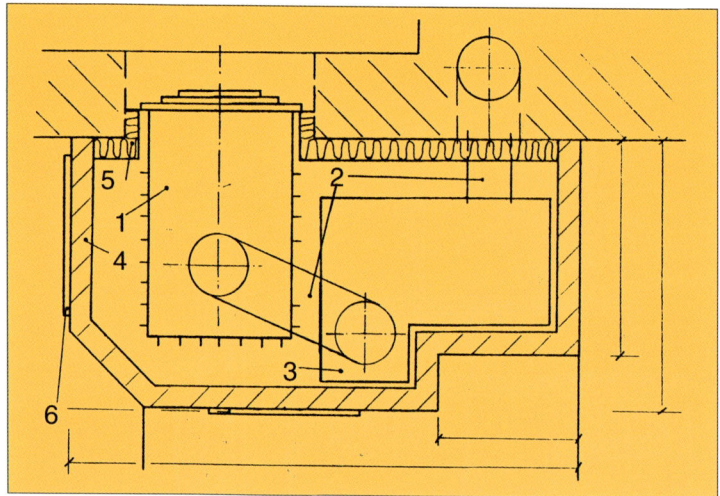

Grundriß Kombiofen

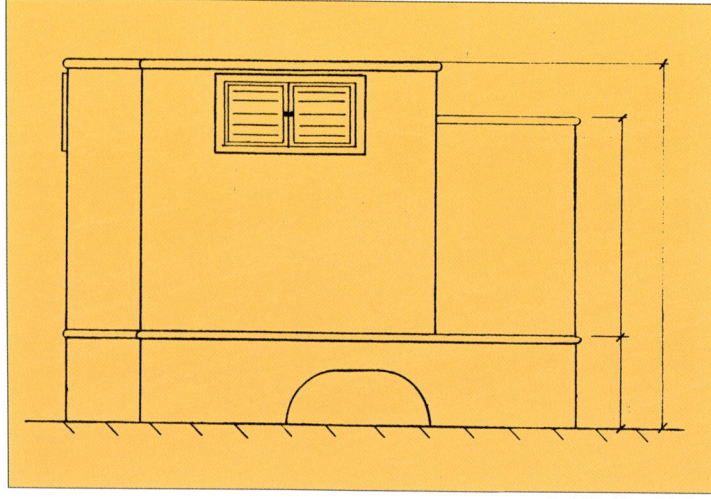

Aufriß Kombiofen

Der Kombiofen besteht aus einem Heizeinsatz mit Grundofenverbrennung und keramischen Zügen statt des Nachheizkastens zwischen Einsatz und dem Kaminanschluß. Bei der Gestaltung dieser Heizzüge sind Sie relativ frei. Sie müssen genau berechnet werden, damit das **Rauchgas** nicht zu sehr abkühlt und der sich im Rauchgas befindende Wasserdampf nicht im Schornstein kondensiert. Das kann auf Dauer zu einer Versottung des Schornsteins führen.

Diese keramischen Züge speichern die dem Rauchgas entzogene Wärme und geben sie langsamer, aber wesentlich länger als beim reinen Warmluftofen, an den Raum ab. Grundsätzlich funktioniert auch der Kombiofen nach dem **Konvektionsprinzip**. Da diese Nachheizzüge aber ganz nah an die Kachelofenwand gebaut werden können, reduziert sich dadurch der Konvektionsanteil der Wärmeabgabe und der Strahlungsanteil steigt. Die Ziffern beziehen sich auf die obere Skizze: 1 = Heizeinsatz, 2 = Rauchgasrohre, 3 = keramische Züge, 4 = sichtbare Kachelofenwand, 5 = Wandisolierung, 6 = Luftgitter.

Grundofen

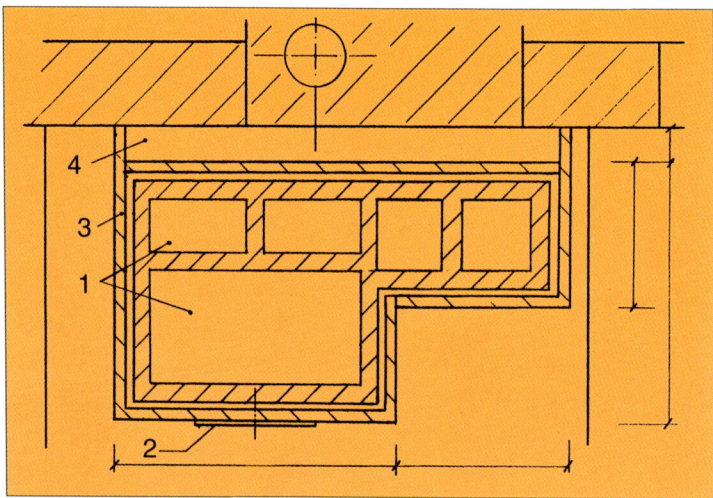

Grundriß Grundofen

Aufriß Grundofen

Ein Grundofen kommt ohne Heizeinsatz aus. Bei ihm gibt es auch keinen Nachheizkasten oder Aschekasten. Er wird aus Schamotte aufgemauert und kann grundsätzlich jede Form haben, wobei natürlich die physikalischen Erfordernisse für eine saubere, wirtschaftliche Verbrennung zu beachten sind. Das bedeutet u. a., daß die **Verbrennungsluftöffnungen** in der Brennraumtür genügend Luftzufuhr gewährleisten müssen. Der Brennraum muß groß genug sein, damit entsprechend der Größe Ihres Kachelofens die richtige Menge Holz eingeschichtet werden kann. Die Zuglänge, der Zugdurchmesser sowie die Anzahl der Sturz-/ Steig- und liegenden Züge muß dazu führen, daß dem Rauchgas genau die richtige Menge Wärme entzogen wird. Dazu gehört auch, daß es nur so viel gebremst werden darf, daß der Unterdruck im Schornstein ausreicht, das Rauchgas ins Freie zu befördern. Der Grundofen heizt überwiegend durch Strahlungswärme. Die Ziffern beziehen sich auf den Grundriß: 1 = Brennraum und Züge, 2 = Ofentür, 3 = sichtbare Kachelofenwand, 4 = Hinterlüftung.

Heizkamin

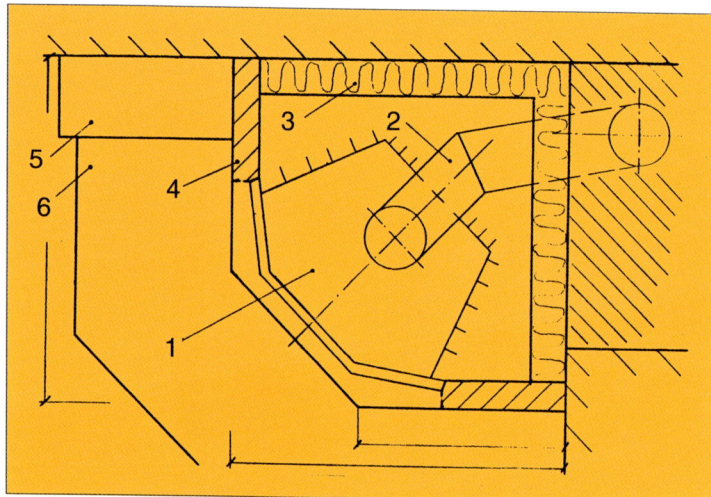

Grundriß Heizkamin

Der Heizkamin hat eine große Glasscheibe, die den Blick auf das Feuer fast uneingeschränkt freigibt. Er hat als Feuerstelle genau wie der Warmluftofen einen **Gußeinsatz**. Bei der Planung des Heizkamins können Sie in gleicher Weise wie beim Warmluftofen vorgehen. Zeichnen Sie sich für ihren Heizkamin einen Grundriß im Maßstab 1:10 und setzen Sie dann den Grundriß des Kamineinsatzes in diese Zeichnung. Denken Sie auch an die den Einsatz umströmende Luft sowie an die Wandisolierung. Die meisten Hersteller bieten diese Einsätze ohne Nachheizkasten an. Bei diesen Einsätzen ist in der Regel ein Nachheizkasten nicht zulässig. Wenn Sie einen Nachheizkasten wollen, müssen Sie unbedingt darauf achten, daß der Einsatz dafür zugelassen ist. Grundsätzlich benötigt ein Heizkamin einen eigenen **Schornsteinzug**. Wenn ein solcher nicht vorhanden ist, können Sie einen Einsatz mit selbstschließender Tür wählen. Die folgenden Zahlen beziehen sich auf die obere Skizze: 1 = Kamineinsatz, 2 = Rauchrohr, 3 = Wandisolierung, 4 = sichtbare Heizkaminmauer, 5 = Anbau, 6 = Ofenbank.

Aufriß Heizkamin

Kaminofen

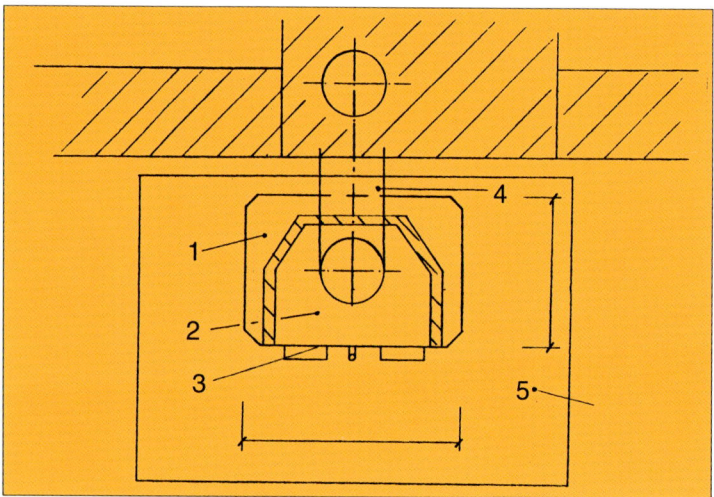

Grundriß Kaminofen

Aufriß Kaminofen

Kaminöfen brauchen weder einen Sockel noch eine Ummauerung. Da der Kaminofen bereits anschlußfertig ausgeliefert wird, müssen Sie nur noch für den Kaminanschluß sorgen und die **Feuerschutzbestimmungen** beachten. Die erforderlichen Abstände seitlich, nach oben und um die Feuerstelle herum gelten für den Kaminofen genauso wie für alle anderen Kachelöfen. Bei der Oberflächengestaltung sind Sie im wesentlichen auf die Angebote des Kaminofenherstellers beschränkt. Durch die große Angebotsvielfalt, die Möglichkeit, den Kaminofen bei einem späteren Umzug mitzunehmen und aufgrund seines einfachen Einbaus ist er eine gute Alternative zum Kachelofen. Achten Sie bei einem langen Weg zum Schornsteinanschluß darauf, daß der Unterdruck des Schornsteins ausreicht. Wenn an dem Kaminzug auch noch andere Brennstellen angeschlossen sind, sollten Sie nur einen Kaminofen der Bauart 1 nach DIN 18891 verwenden. (Ziffern für den Grundriß: 1 = sichtbare Kaminofenoberfläche, 2 = Brennraum, 3 = Glastüren, 4 = Rauchgasrohr, 5 = Bodenplatte).

Offener Kamin

Auf einem unbrennbaren Untergrund wird ein Holzfeuer entfacht. Das Rauchgas steigt nach oben, wird in einem Rachgassammler (einer Esse) aufgefangen und zum **Schornstein** geleitet. Der Schornstein muß das Rauchgas dann ins Freie ziehen. Der offene Kamin stellt an den Schornstein besonders hohe Anforderungen. Sie brauchen auch unbedingt eine Frischluftöffnung und einen eigenen Kaminzug. Damit das Rauchgas sich nicht frei im Wohnraum verteilen kann, muß die Saugwirkung so groß sein, daß dieser Vorgang verhindert wird. Bedenken Sie bitte, daß bei unterschiedlichen Wetter- und Windverhältnissen der Unterdruck im Schornstein variiert. Das kann so weit gehen, daß der Wind das Rauchgas durch den Kamin in den Raum drückt. Rauchgas im Wohnraum bedeutet Vergiftungsgefahr!

Sicherheitstip
Deshalb ist beim offenen Kamin die Beratung durch den Hafnermeister besonders wichtig. Er kann das Zusammenwirken von Schornstein, offenem Kamin und Zuluft richtig berechnen.

Gesetzliche Bestimmungen

Gesetzliche Bestimmungen

Beim Kachelofen ist der Umgang mit den einschlägigen gesetzlichen Bestimmungen nicht einfach. Verschiedene Regelungen unterliegen den Länderbestimmungen und können deshalb von Bundesland zu Bundesland unterschiedlich sein. Über Bestimmungen, die den Brandschutz und die Kaminhöhe betreffen sowie über die Frage, ob ein Kachelofen in der betreffenden Gemeinde überhaupt betrieben werden darf, kann Ihnen am besten der örtlich zuständige Schornsteinfegermeister Auskunft geben.

Er sollte in jedem Fall vor allen anderen Arbeiten befragt werden:

- Eignet sich der Kamin für einen Kachelofen?
- Ist in der jeweiligen Gemeinde der Betrieb eines Kachelofens zulässig?
- Ist der Kamin vielleicht mit einem zusätzlich angeschlossenen Kachelofen überbelegt?

Der Schornsteinfegermeister muß den Anschluß des Kachelofens an den Kamin abnehmen. So lauten die allgemeinen Brandschutzvorschriften:

- 40 cm um die Brennstelle muß ein unbrennbarer Belag vorhanden sein.

- 25 cm seitlich neben den beheizten Flächen des Kachelofens dürfen sich keine eingebauten brennbaren Materialien befinden, wie z. B. Türrahmen, Fensterrahmen etc.
- 50 cm Abstand nach oben zu allen brennbaren Materialien über dem Kachelofen.

An einen Schornsteinzug dürfen maximal drei Brennstellen mit höchstens 20 KW Heizleistung je Brennstelle, bzw. 30 KW Heizleistung je Brennstelle bei atmosphärischen Gasbrennern, angeschlossen werden.

Atmosphärische Gasbrenner und Kachelöfen dürfen nicht an einen gemeinsamen Kaminzug angeschlossen werden. Jede Brennstelle braucht einen eigenen Kaminanschluß. Es darf nicht mehr als ein Verbindungsstück in gleicher Höhe an den Kamin angeschlossen werden.

Bei einer Mehrfachbelegung des Kamins dürfen der unterste und der oberste Anschluß nicht weiter als 6,5 Meter auseinanderliegen. Ein offener Kamin braucht immer einen eigenen Kaminzug (DIN 18160).

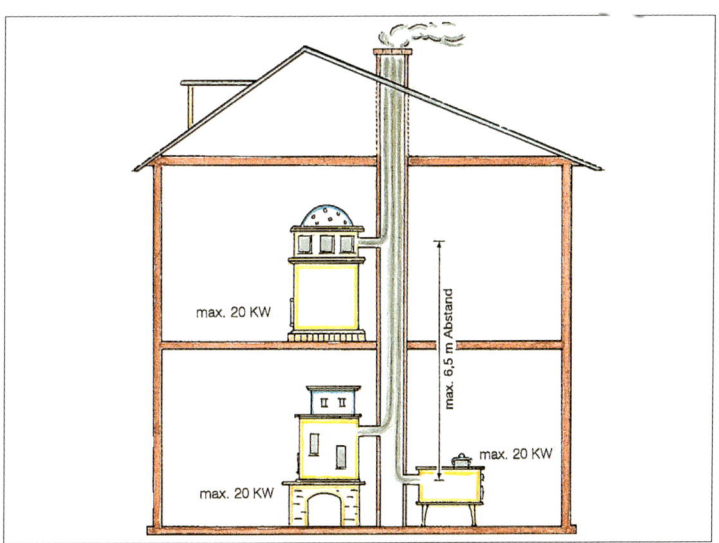

max. 20 KW

max. 6,5 m Abstand

max. 20 KW

max. 20 KW

Kaminbelegungsschema

Zusammenstellung einer Materialliste

Wenn Sie sich auf einen bestimmten Ofentyp festgelegt haben und die Größe und Form des Kachelofens feststeht, dann zeichnen Sie sich einen **Grundrißplan** und Seitenansichten wie bei den aufgeführten Beispielen. Achten Sie auf eine maßstabsgetreue Ausführung Ihrer Zeichnungen, dann haben Sie es bei der Berechnung des Materialbedarfs leichter. Gehen Sie ruhig mit Ihren Plänen zu einem Ofensetzbetrieb, der Komplettbausätze anbietet. Hier wird man Ihnen alle Bauteile, die Sie brauchen, zusammenstellen und liefern. Es gibt unterschiedliche Heizeinsätze mit verschiedenen Heizleistungen, mit oder ohne Sichtfenster, mit oder ohne Rost, mit Grundofenverbrennung, mit elektronischer Zuluftregulierung usw. Bei den **Kacheln** für Ihren Kachelofen ist die Auswahl noch größer. Deshalb bietet es sich an, auf Messen zu gehen, sich in ständigen Bauausstellungen und vor allem Kachelofenstudios umzusehen. Denken Sie bitte daran, preiswert heißt nicht billig. Ein guter Kachelofen schmückt Ihr Haus ein Leben lang. Beim Auto werden für Metalliklackierung oder Aluräder ein paar tausend

Mark ausgegeben. Einfach weil es besser aussieht. Ein Auto hält im Durchschnitt zehn Jahre. Ihren Kachelofen haben Sie nicht in der Garage, sondern in Ihrer Wohnung stehen. Sie sehen ihn täglich viele Stunden. Er hält bei guter Pflege ein Leben lang. Achten Sie also auf Qualität und kaufen Sie sich das, was Ihnen gefällt. Ein hochwertiger Einsatz, ein hochwertiger Grundofenbausatz oder hochwertige Kacheln sind eine einmalige Anschaffung, mit der man sich wohlfühlen muß. Manche Hersteller von Bausätzen bieten auch bei Selbstbau Funktionsgarantie. Wenn Sie sich nach all diesen Details umgesehen haben, holen Sie sich am besten ein paar Angebote ein. Die im Bildquellennachweis am Ende des Buches aufgeführten Firmen können Ihnen sicherlich weiterhelfen. Wenn Sie alles selbst bestellen, brauchen Sie jetzt eine **Stückliste** von den verschiedenen Materialien. Sie sollten sich eine Materialbedarfsliste, ähnlich der Liste auf der folgenden Seite, zusammenstellen. Planen Sie beim Materialbedarf etwas großzügiger. Eine Kachel zu wenig kann, wenn Sie sich für handgefertigte Kacheln entschieden

haben, den Kachelofenbau durchaus um zwei Monate verzögern. Bei der Materialbedarfsliste beginnen Sie am besten mit der Technik. Zum Heizeinsatz brauchen Sie noch einen Nachheizkasten, Rohrbögen, Rauchgasrohre, Rohrschellen und einen Kaminanschluß (Wandfutter / Kaminanschlußstutzen). Als nächstes messen Sie den **Sockel** ab.

Ein Beispiel: Angenommen die Sockelaußenlänge bei einem Warmluftofen beträgt 300 cm. Die Sockelhöhe über dem fertigen Fußboden (fFb) beträgt 45 cm. Der gesamte Bodenaufbau bis Oberkante Fußboden beträgt 10 cm. Das handelsübliche Maß für Leichtbausteine ist 25 cm x 62,5 cm. Sie benötigen also 12 Leichtbausteine, die hochkant gestellt die 300 cm Sockellänge ergeben. Diese Steine müssen um 7,5 cm abgeschnitten werden, um auf 55 cm (10 cm Bodenaufbau und 45 cm über fFb) zu kommen. Selbstverständlich könnten Sie diese Leichtbausteine auch waagerecht legen. Sie müßten dann eben zwei Steine und einen 5 cm Streifen übereinanderkleben (2 x 25 cm + 5 cm = 55 cm).

	Anzahl	Kosten	Bezugsquelle
Heizeinsatz / Nachheizkasten KW			
Nischen-Einbaurahmen / Vortüre			
Luftgitter			
Rauchgasrohre / Bögen			
Kaminanschluß / Wandfutter			
Grundofenbausatz KW			
Putztüren			
Leichtbausteine für Sockel			
Leichtbausteine / Schamotte für Anbauten			
Stürze für Wanddurchbruch / Sockelbogen			
Schamotte qm			
Kacheln			
Simskacheln			
Eckkacheln			
Abdeckplatten			
Lüfterkacheln			
Putzkacheln			
Hafnerdraht			
Keile zum Kachelsetzen			
Latten zum Ausrichten			
Verfugungsmaterial für Kacheln			
Warmhaltefach			
Fliesen für Bodenfläche			
Verfugungsmaterial für Fliesen			
Hafnermörtel			
Hafnerputz			
Putzträger / Ziegelgitter			
Säurefester Kleber			
Flexkleber			
Werkzeug			
Steintrennmaschine ausleihen			

Schamotte

Für den Bau von Kachelöfen wird ein Schamottematerial in sogenannter »Töpferqualität« verwendet. Die Rohstoffe sind im wesentlichen Rohschamotte, Ton, Rohkaolin und Syenit. Je nach Mischungsverhältnis kann die Schamotte beim Brand eine **rötliche** oder **gelbliche Farbe** annehmen. Schamotte für den Kachelofenbau soll sich bei Erhitzung möglichst wenig ausdehnen. Die Formgebung der Schamotte erfolgt, indem die Rohmasse in sogenannten Strangpressen zu Ballen (Würsten) geformt und dann geschnitten wird. Anschließend werden die Rohlinge getrocknet, bis nicht mehr als ca. 6 Prozent Restfeuchte im Material enthalten sind. Erst jetzt kommt der Rohling in den Brennofen. Dort wird er bei ca. 1000 bis 1200° C gebrannt. Vom Befüllen des Brennofens bis zur Entnahme der fertig gebrannten Schamotteplatten vergehen 10 bis 20 Tage, dies ist abhängig von der Dicke des Materials. Bei guten Herstellern werden die fertigen Schamotteplatten dann geprüft und sortiert. Es dürfen keine deutlich erkennbaren Ausschmelzungen, Beschädigungen oder Deformierungen vorhanden sein.

Durch Abklopfen werden auch nicht sichtbare Beschädigungen festgestellt. Schamotteplatten, die nicht den Normen entsprechen oder beschädigt sind, werden aussortiert, zermahlen und wieder der Rohmasse als Schamottegranulat beigemengt. Die zulässigen Maßabweichungen bei Schamotteplatten bewegen sich je nach Qualität zwischen 2 bis 4 Prozent. Die Durchbiegung des Materials darf bei Schamotteplatten ab 25 cm 1,5 Prozent nicht übersteigen. Bei Schamottematerial gibt es unterschiedliche Qualitäten. Für den Brennraum eines Grundofens sollten Sie darauf achten, daß der Schmelzpunkt des verwendeten Materials bei mindestens 1580° C liegt (Segerkegel 26). Da der Erweichungspunkt immer unter dem Schmelzpunkt liegt, treten bereits vorher Verformungen der Schamotteplatten auf. Bei Einsätzen wird die geeignete Ausschamottierung vom Einsatzhersteller mitgeliefert. Schamotteplatten / Schamottesteine sind in den unterschiedlichsten Größen lieferbar. Systemsteine, bei denen Sie beim Aufbau eines Ofenkerns nicht oder nur sehr wenig schneiden müssen, erleichtern Ihnen einerseits die Arbeit und bieten Ihnen andererseits sehr hohe Paßgenauigkeit. Die **Mindestrohdichte** für Schamotteplatten / -steine, die im Kachelofenbau verwendet werden, sollte bei ca. 1,4 g/cm^3 bis ca. 1,9 g/cm^3 liegen. Beispielsweise wiegt eine Schamotteplatte mit 1,9 g/cm^3 Rohdichte, 30 cm x 15 cm, 4 cm stark 3,420 kp. Weitere Qualitätsmerkmale sind gute Speicherfähigkeit und lange Haltbarkeit.

Profitip

Am Markt werden billige Schamotteplatten angeboten, die teilweise erheblich gebogen und nicht maßgenau sind. Beim Aufbau tun Sie sich am leichtesten, wenn Sie große Schamottesteine oder Platten verwenden. Je größer die Platten sind, umso wichtiger ist eine gute Qualität mit nur geringen Verformungen. Damit Sie eine gerade Mauer bekommen, müßten Sie sonst mehr Putz auftragen. Den etwas höheren Einkaufspreis dieser besseren Schamotteplatten sparen Sie durch eine kürzere Arbeitszeit und mehr Spaß an der Arbeit leicht wieder ein.

Kacheln

Kacheln sind beim Kachelofen der wesentliche Faktor für die Optik. An sie werden deshalb besondere Anforderungen gestellt. Wie überall läßt sich auch hier über Geschmack nicht streiten. Die **Materialbeschaffenheit** muß jedoch in Ordnung sein. Eine gerissene oder gesprungene Kachel verunziert einen ganzen Kachelofen. Das Angebot ist hier sehr reichhaltig. Von der fabrikmäßig-bis zur handgefertigten Kachel, von der Standardware bis zum Unikat ist alles zu bekommen. Dabei sollte man sich über die jeweiligen Vor- und Nachteile im klaren sein. In der Regel hat ein Hersteller mit großen Stückzahlen und überwiegender Maschinenfertigung eine wesentlich höhere **Form-** und **Farbgenauigkeit** als ein Hersteller kleiner Stückzahlen. Handgefertigte Keramik wirkt im rustikalen Bereich natürlich sehr gut, bedenken Sie aber bitte auch, daß Sie gleich von jeder Form ein Stück mehr bestellen, weil in der Praxis die gleiche **Glasur** bei einem anderen Brand anders ausfällt und nicht mehr zum ursprünglichen Kachelsatz paßt. Hersteller großer Stückzahlen arbeiten hier durch ihre Automatisierung im allgemeinen gleichmäßiger. Hier können Sie auch nach Jahren eine einigermaßen passende Kachel nachbestellen. Die Kacheln durchlaufen dabei einen sehr genauen Produktionsprozeß, der Abweichungen in Form und Farbe auf ein Minimum reduziert. Industriell gefertigte Kacheln sind auch leichter zu setzen, weil sie in den Außenmaßen nur minimale Abweichungen aufweisen. Die Abweichungen bei handgefertigter Keramik sind jedoch teilweise erheblich. Sie müssen dann durch unterschiedliche Fugenbreiten beim Setzen diese Ungenauigkeiten wieder ausgleichen. Die verschiedenen Hersteller bieten Kacheln in vielen Formen und Farben an (*1–9*). Die Preisunterschiede zwischen verschiedenen Herstellern, vor allem bei Glasuraufschlägen, entspricht oft bei weitem nicht den Qualitätsunterschieden. Vergleichen Sie also ähnliche Kacheln von verschiedenen Herstellern. Achten Sie dabei aber auch auf vergleichbare Qualität.

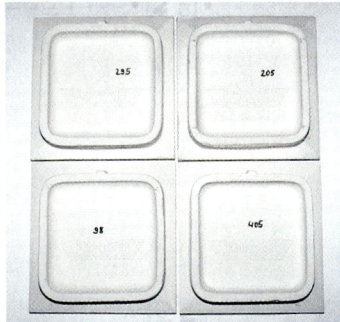

Kacheln mit Steg

Kacheln mit Kleberumpf

Profitip

Wenn Sie sich für Kacheln mit Kleberumpf oder für Kompaktkacheln entscheiden, können Sie diese wie eine Mauer aufbauen und sparen sich dadurch sehr viel Arbeit. Das Fertigen von Hafnerklammern entfällt, und das Ausrichten zu einer geraden Fläche ist wesentlich einfacher.

Auf dieser Seite sehen Sie zwei Beispiele von Kachelrückseitenansichten normaler Stegkacheln und von Rumpfkacheln.

1

4

7

2

5

8

3

6

9

Bausätze

Bausätze sind eine fertig geplante und berechnete Zusammenstellung von Material, welches Sie für einen Kachelofenaufbau benötigen. In der Regel ist diesem Bausatz auch eine **Aufbauanleitung** beigefügt, die die speziellen Punkte des hier verwendeten Materials genau berücksichtigt. Bei den meisten angebotenen Bausätzen handelt es sich um **Grundofenbausätze**. Das kommt daher, daß auch Hafnermeister oft solche Bausätze verwenden, weil diese genau berechnet sind und beim Aufbau erheblich Zeit sparen. Es gibt aber erhebliche Qualitätsunterschiede bei den verschiedenen Anbietern. Lassen Sie sich nicht vom angeblich hohen Wirkungsgrad oder von der Computersimulation blenden, wenn man Ihnen diese Daten nicht schriftlich aushändigt. Bei Warmluftöfen sind solche Bausätze selten anzutreffen. Aufgrund der Bauart und der einfacheren Zusammenstellung der einzelnen Bestandteile, beschäftigen sich sehr wenige Firmen mit Warmluftofen- oder Kombiofenbausätzen. Wenn Sie diese Teile bei einem Hafnermeisterbetrieb kaufen, wird man Ihnen dort bestimmt auch für die Zusammenstellung

Ihrer Materialliste ein paar Ratschläge geben. Man wird Ihnen die erforderlichen zusammenpassenden Teile besorgen. Bei den Heizeinsätzen und den Nachheizkästen ist in der Regel eine Aufbauanleitung des Herstellers beigefügt. Den Sockelaufbau, das Aufmauern der Kachelofenwände, das Isolieren der Wände, den Kaminanschluß, das Verkacheln oder Verputzen des Ofens wird in den folgenden Grundkursen beschrieben. Holen Sie sich aber auf jeden Fall den Rat des Hafnermeisters, bei dem Sie verschiedene Teile oder das gesamte Material beschaffen. Der Schornsteinfegermeister muß natürlich auch bei fertigen Bausätzen den Kachelofen bzw. den Kaminanschluß abnehmen. Ein Kachelofen, der gut gebaut und richtig geplant ist, hält Jahrzehnte und spendet Ihnen angenehme Wärme. Denken Sie dabei auch an die Umwelt und an den **Rohstoffverbrauch**. Ein guter Bausatz ist deshalb für jeden »Nichtfachmann«, der sich seinen Kachelofen selbst aufbauen will, die bessere Lösung seines Wunsches. Der **Kaminanschluß** muß sauber und ordentlich ausgeführt sein. Bausätze sind nur im Kachel-

ofenfachhandel zu bekommen. Einzelne Teile wie z.B. Schamotteplatten, Leichtbausteine für den Sockel, Fliesen- oder Flexkleber bekommen Sie auch im Baustoffhandel oder Baumarkt. Beachten Sie bitte, daß nicht jede Ofentür zu jedem Bausatz paßt. Für spezielle Aufbausysteme gibt es die jeweils passenden Ofentüren.

Prometheusbausatz

Ofentür

Fliesen

Fliesen sind beim Kachelofenbau das Material, das in aller Regel dazu verwendet wird, den Boden unter dem Kachelofen staubfrei zu machen. Außerdem muß rund um die Feuerungsöffnung ein unbrennbares Material verwendet werden. Für Kaminöfen gibt es bei den Lieferanten Bodenplatten z.B. aus Glas, Schieferguß oder Stahlblech. Bei ortsfesten Kachelöfen werden meistens Fliesen verwendet. Sie sind durch ihre vielfältigen Formen und Größen (*1–3*) bestens für diese Aufgabe geeignet. Sie sind aus keramischem Material und somit unbrennbar. Einfache Fliesen ohne Schnörkel sind nicht teuer und leicht zu verlegen. Im Bereich unter dem Kachelofen kommt es nicht auf die Optik an. In diesem Bereich brauchen Sie eine glatte ebene Fläche, die verfugt ist. Wenn Sie Ihren Kachelofen auf einen Beton- oder einen Estrichsockel stellen und Sie durch einen Sockelbogen dann diesen Bereich unter dem Kachelofen sehen, oder wenn Sie eine Ofenbank mit Sockelbogen anbauen und den Boden darunter sehen können, sollten Sie diese Arbeit so ausführen, daß die Fugen zwischen Ofen und Wohnraum zusammen passen und nicht seitlich versetzt sind. Da die Fliesen unter dem Kachelofen warm werden, sollten Sie als Fliesenkleber einen sogenannten Flexkleber verwenden (geeignet für Fußbodenheizungen). Für die Verfugung können Sie eine Flexfugenmasse verwenden.

Profitip
Wenn Sie Ihren Wohnraumboden gefliest haben und diese Fliesen optisch unter dem Kachelofen weiterlaufen lassen, ist es sinnvoll, eine Dehnungsfuge dazwischen verlaufen zu lassen, damit keine Risse im Boden entstehen. Diese verfugen Sie mit einer dauerelastischen Masse. Silikonfugen werden in verschiedenen Farben angeboten.

Achten Sie beim Kauf auf die Packungsangaben für den Verbrauch. Bedenken Sie dabei auch, daß die Angaben für eine ganz gleichmäßige Arbeit – sowohl bei der Fugenbreite als auch bei der Fugentiefe – gedacht sind. Da es beim Verfugen wichtig ist, daß eine zusammenhängende Fläche auf einmal verfugt wird, bereiten Sie ausreichend Verfugungsmasse vor. Die Fliesen müssen sofort naß abgewischt werden.

1

2

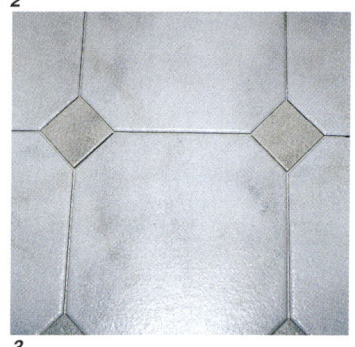
3

Material zum Verkleben und Verbinden

Um Ihren Kachelofen aufbauen zu können, benötigen Sie auch unterschiedliche Materialien zum Verkleben und Verbinden der Leichtbausteine im Sockelbereich, der Schamottesteine im Bereich des Brennraums und der Rauchgaszüge, der Kacheln usw. **Mörtel**, der mit der Flamme und der Glut im Kachelofen in Berührung kommt, muß wesentlich temperaturbeständiger sein als der **Fliesenkleber**, mit dem Sie den Boden unter dem Kachelofen fliesen. Bei der Verbrennung im Kachelofen entstehen auch Säuren, die das Material angreifen. Alle Materialien, die mit Rauchgas in Berührung kommen, müssen also auch säurefest sein. Für den Brennraum und die Rauchgaszüge verwenden Sie bitte einen **Schamottemörtel**. Für den Kaminanschluß benötigen Sie einen **Säurekleber**. Schamottemörtel wird als Fertigprodukt in verschieden großen Gebinden angeboten und verkauft. Er erfüllt alle genannten Anforderungen. Teilweise wird der Schamottemörtel noch mit Quarzsand und Schmelzzement gestreckt. Dieser »gestreckte« Schamottemörtel eignet sich ausgezeichnet zum Füllen von Kacheln.

Profitip
Kaufen Sie lieber ein Gebinde zuviel als zuwenig. Kaufen Sie Ihr Material dort, wo man Ihnen ein Rückgaberecht innerhalb einer angemessenen Zeit einräumt. Dann können Sie ungeöffnete Gebinde zurückgeben. Bei den meisten Baumärkten werden Sie mit diesem Anliegen auf offene Ohren stoßen. Auch der Hafnermeister, bei dem Sie einen Bausatz oder einige Teile für Ihren Kachelofen gekauft haben, wird Ihnen weiterhelfen.

Bei dieser »Streckung« erhöht sich die hydraulische Abbindefähigkeit des Schamottemörtels. Das bedeutet, daß das Material bereits in der Phase, in der es noch ganz naß ist, seine endgültige Form erhält. Es schrumpft also beim Trocknen nicht mehr. Als Hobbyhandwerker sollten Sie sich aber auf keine Experimente mit ungewissem Ausgang einlassen. Statt Schamottemörtel können Sie auch **Feuerzement** verwenden. Feuerzement hat eine bessere Temperaturbeständigkeit als Schamottemörtel, ist hydraulisch abbindend, kostet jedoch wesentlich mehr als Schamottemörtel. Da Schamottemörtel zum Ab-

binden sehr viel Wasser benötigt, ist es erforderlich, die gebrannten und damit sehr trockenen Schamotteplatten, die er verbinden soll, zu wässern. Alle Bereiche, die nicht direkt mit Rauchgas in Berührung kommen, benötigen auch kein säurefestes Material. Gleichzeitig sinkt in der Regel die Temperatur in Bereichen, die nicht mit Feuer, Glut und Rauchgas in Berührung kommen. Die Anforderung an die Temperaturbeständigkeit des Materials wird also geringer. Für die Schamotteummauerung eines Warmluftofens oder die Außenschale eines Grundofens mit zweischaliger Bauweise, für Ummauerungen von Heizkaminen und für alle Sockelbereiche können Sie alternativ auch einen **Flexkleber** verwenden. Es handelt sich dabei um eine Art Fliesenkleber, der temperaturbeständig ist. Dieser Flexkleber wird von verschiedenen Herstellern mit unterschiedlichen Bezeichnungen verkauft. Achten Sie genau auf die Produktbeschreibung, die auf der Verpackung angegeben ist. Im Vergleich zu Schamottemörtel halten Verbindungen mit Flexkleber viel besser. Das ist allerdings von Nachteil, wenn der Kachelofen irgendwann abgetragen werden muß. Ihre Kacheln sind dann vermutlich nicht zu retten. Schamottemörtel ist ein vergleichbar poröses Material, und Sie hätten beim Abtragen keine Probleme.

Alternativ gibt es noch sogenannte **Haftmörtel**. Haftmörtel sind nicht billig, dafür aber sehr praktisch in der Verarbeitung. Sie können z. B. eine Kachelwand vorfertigen und sparen sich dadurch auch das Verklammern der Kacheln sowie umständliches Ausrichten der einzelnen Kacheln an der senkrechten Kachelofenwand. Sie sparen sich dadurch sehr viel Zeit und haben eine exakt glatte Kachelfläche. Genaueres dazu finden Sie beim Grundkurs »Kacheln setzen«.

Sicherheitstip
Verarbeiten Sie alle Putze und Kleber, die für den Kachelofenbau geeignet sind, nur mit Handschuhen. Diese Materialien enthalten zum Teil Substanzen, die die Hautoberfläche verätzen. Das Einatmen des Materialstaubs beim Anmachen ist weitestgehend zu vermeiden. Beachten Sie auf jeden Fall die Sicherheitsvorschriften auf der jeweiligen Verpackung.

Für alle Sockelbereiche sowie für seitliche, unbeheizte Anbauten, für aus Leichtbausteinen gefertigte Aufbauten, für die gemauerte Ofenbank, für seitliche Holzlegen u.s.w. nehmen Sie am besten einen Flexkleber oder Haftmörtel. Abgebundene feste Mörtel-, Fliesenkleber- oder Putzreste können als Bauschutt entsorgt werden.

Ökotip
Wenn in Ihrem Eimer, in dem Sie Putz oder Kleber angerührt haben, nach fertiger Arbeit noch Reste des Materials übrig bleiben, oder wenn das Material abgebunden hat, bevor es verarbeitet wurde, häufen Sie es auf eine alte Zeitung, lassen es austrocknen und entsorgen es dann als Bauschutt. Viele Wertstoffhöfe nehmen als Entsorgungsmöglichkeit für Privatleute Bauschutt an. Wenn Sie keine andere Entsorgungsmöglichkeit finden, können Sie Mörtel, Fliesenkleber und Putz in trockenem abgebundenen Zustand über den Hausmüll entsorgen. Volle Gebinde sollten Sie an den Händler zurückgeben, wenn Sie in absehbarer Zeit keine Verwendung dafür haben.

Denken Sie daran, daß auch geschlossene Gebinde nur eine begrenzte Haltbarkeitsdauer haben. Putz, Fliesenkleber und Mörtel müssen auf jeden Fall trocken gelagert werden. Wird ein solches Gebinde (Papiersack) naß, bindet der jeweilige Inhalt ab und ist für eine weitere Verarbeitung nicht mehr zu gebrauchen. Bei längerer Lagerzeit kann auch sehr hohe Luftfeuchtigkeit dazu führen, daß der Gebindeinhalt oberflächlich abbindet.

Nachdem Ihr Kachelofen aufgebaut ist, braucht er auch noch eine schöne **Oberflächengestaltung**. Die Oberfläche eines »Kachelofens« kann sowohl aus einer Kachelschale als auch aus einer verputzten Oberfläche bestehen. Die Kacheloberfläche haben wir seitens der Materialbeschaffenheit bereits angesprochen.

Bei einem verputzten Kachelofen kommen einige unterschiedliche Materialien zum Einsatz. Der **Putz** an der Oberfläche eines Kachelofens ist erheblichen thermischen Beanspruchungen ausgesetzt. Dafür gibt es einen speziellen »Hafnerputz«, der diese Anforderungen erfüllt. Damit an der Ofenoberfläche keine Risse entstehen, muß zum richtigen Putz auch noch die richtige Verarbeitung kommen. Es gibt Hafnerputze für »einlagige« oder »mehrlagige« Putzaufträge. In der Praxis ist das Verarbeiten mehrlagiger Putze angenehmer und leichter, weil man unsauber oder ungleichmäßig verarbeitete Stellen am Kachelofen ohne Probleme nachbessern kann, ohne daß man Schwierigkeiten bei der Verbindung der Putzschichten hat.

Es gibt am Kachelofen auch Bereiche, die sich unterschiedlich schnell bzw. unterschiedlich stark aufheizen. An den Verbindungsstellen zwischen diesen Bereichen besteht eine besondere Gefahr der Rißbildung.
Darum werden an diesen Stellen an den Putz besondere Anforderungen gestellt. Um das Risiko der Rißbildung zu reduzieren, kann man verschiedene unterstützende Maßnahmen ergreifen.
Spezielle Hafnerputze sind sehr temperaturbeständig. Die entstehenden unterschiedlichen Dehnungen sind jedoch ein anderes Problem. Um dieses Problem zu lösen, werden in den Putz Putzträger – entweder ein Latexgewebe,

ein Drahtgitter (Hasenstallgitter) oder ein Ziegelgitter – sorgfältig eingearbeitet.
Am leichtesten zu verarbeiten ist sicherlich das **Latexgewebe**. Es läßt sich leicht an die Kachelofenform anpassen. Für den Putz ergibt es ausreichend Stabilität, um Dehnungsrisse zu reduzieren. In Putz eingearbeitet besteht bei diesem Glasfasergewebe, das in einen hauchdünnen Kunststoffmantel eingegossen ist, keine Brandgefahr. Es kann in Einzelfällen allerdings anfangs, bei stark aufgeheiztem Kachelofen, zu Geruchsbelästigungen kommen. Diese verschwinden bei mehrmaligem Aufheizen des Ofens.

Eine andere Möglichkeit ist ein **Drahtgitter**, das an die Ofenoberfläche angepaßt wird. Die Verarbeitung ist aufwendiger, erfüllt die Aufgabe der Putzstabilisierung aber sehr gut. Geruchsbelästigungen entstehen nicht. Das Drahtgitter ist auch eine sehr preiswerte Lösung.
Bei Kachelöfen mit großen Rundungen bietet sich ein **Ziegelgitter** an. Dieses Ziegelgitter kann überall zur Putzstabilisierung verwendet werden. Da es selbst schon ca. 1 cm dick ist,

trägt es beim Verputzen allerdings stark auf. Durch seine eigene Stabilität kann es zu den gewünschten Rundungen geformt werden und als frei stehender Träger für den Putz dienen. In diesem Fall nehmen Sie das Ziegelgitter am besten zweilagig und binden es mit Draht zusammen (Verflechten). Es läßt sich aber auch an jede gewünschte Kachelofenoberfläche anpassen. Das folgende Bild zeigt ein an den Ofen angepaßtes Ziegelgitter. Die Öffnung für das vorgesehene Warmluftgitter wird mit einer Blechschere ausgeschnitten.

Ziegelgitter am Ofen

Dämmstoffe

Ein Kachelofen ist eine angenehme, schöne Heizung. Doch gibt er seine Wärme nicht nur an den Stellen ab, an denen es gewollt ist, sondern heizt grundsätzlich in jede Richtung. Auch wenn warme Luft nach oben steigt, wird Wärmestrahlung nach unten abgegeben. Und während wir die Wärme vor dem Kachelofen genießen, strahlt der Ofen auch nach hinten Wärme ab.

Das führt dazu, daß auch der Boden und die Wände, vor denen der Kachelofen steht, aufgeheizt werden. Ein starkes **Aufheizen** von Wänden und dem Boden kann durch die damit verbundene Dehnung zu Schäden an der Bausubstanz führen. Um dieses Aufheizen von Wänden und Boden zu verhindern bzw. zu reduzieren, müssen entsprechende Maßnahmen ergriffen werden. Beim Boden reicht es in der Regel aus, wenn an der Unterseite des Brenneinsatzes oder Grundofens eine **Durchlüftung** stattfindet, die die Wärme abtransportieren kann. Die Wärmeabgabe des Ofens zur Wand ist wesentlich stärker als zum Boden. Deshalb ist es erforderlich, daß die Wände gegen die Wärme geschützt werden. Bei verschiedenen Grundöfen in zweischaliger Bauweise, die entsprechend ausgelegt sind, wird die Wand nicht über 60° C erhitzt, wenn die entsprechende Hinterlüftung vorhanden ist. Eine Wandisolierung ist in diesem Fall nicht erforderlich. Es gibt mehrere Möglichkeiten, die Wände gegen Wärme zu schützen. Wenn genügend Platz vorhanden ist, können Sie zwischen den Kachelofen und die Wand eine dünne **Zwischenmauer** bauen, die auf der Vorder- und Rückseite hinterlüftet sein muß. Dadurch wird die Wärme von der Zimmerwand abgehalten. Den gleichen Effekt können Sie mit einem entsprechend wie die Zwischenwand aufgestellten **Blech** erzielen. Wenn Platz gespart werden soll, bietet es sich an, **Mineralfaserplatten** mit ca. 6 cm Stärke an der zu isolierenden Wand zu befestigen. Achten Sie beim Kauf auf die Angaben des Herstellers in Bezug auf die Unbrennbarkeit und die Befestigungsmöglichkeit des Materials. Zwischen der Wandisolierung und allen beheizten Teilen Ihres Kachelofens muß Luft frei strömen können, damit die an der Dämmstoffoberseite angesammelte Wärme abtransportiert werden kann.

Sicherheitstip
Bei der Luftströmung innerhalb des Kachelofens könnten Fasern des Dämmaterials in die Luft und somit in die Atemwege gelangen. Kaschieren Sie diese Dämmstoffplatten bitte sehr genau mit für den Bau bzw. Heizungsbereich geeigneter Alufolie.

Wasserabweisende Dämmstoffe

Feuerfeste Dämmstoffe

Holz – der Brennstoff der Zukunft

Zum Betreiben eines Kachelofens benötigt man einen geeigneten **Brennstoff**. Holz ist ein Material, das in der Natur nachwächst. Holz speichert praktisch die Energie der Sonne. Wir können uns das zunutze machen und das Holz im Kachelofen verbrennen. Um diese Verbrennung möglichst sauber und energiesparend ablaufen zu lassen, ist es wichtig, daß nur sauberes und trockenes Holz in den Brennraum des Kachelofens gelangt. Holz darf bei der Verbrennung im Kachelofen nicht mehr als 20 Prozent **Restfeuchte** haben. Wenn Sie zum Beispiel in den Brennraum Ihres Kachelofens 10 kp Holz mit 15 Prozent Restfeuchte einfüllen, dann haben Sie gleichzeitig mit Ihrem Holz 1,5 Liter Wasser in den Brennraum eingebracht. Dieses Wasser muß jetzt bei der Verbrennung erhitzt und verdampft werden. Sie verlieren also **Energie**. Damit dieser Verlust so gering wie möglich gehalten wird, muß Holz ausreichend lange trocken und luftig gelagert werden. Als Faustregel können Sie davon ausgehen, daß Laubholz mindestens zwei Jahre und Nadelholz mindestens eineinhalb Jahre für die Trocknung benötigt. In Deutschland wachsen jährlich ca. 30 Millionen Festmeter Holz nach. Dieses Holz können wir im Kachelofen verheizen, ohne daß sich dadurch der CO_2 Gehalt in der Luft erhöhen wird. Das nachwachsende Holz bindet die freigesetzte Menge CO_2 bei seinem Wachstum innerhalb eines Jahres wieder. Bei der Verbrennung fossiler Brennstoffe wird dagegen langfristig gebundenes CO_2 freigesetzt.

Machen Sie also bitte mit, verbrennen Sie im Kachelofen nur sauberes trockenes Holz. Das *linke* Bild zeigt eine geeignete Holzlagerstätte; die *rechte* Zeichnung den CO_2 Kreislauf, der bei der Verbrennung von Holz entsteht.

Holzlager

Die wichtigsten Werkzeuge

Auf diesen beiden Seiten finden Sie Kurzbeschreibungen der wichtigsten Werkzeuge, die Sie zum Bauen von Öfen und Kaminen benötigen. Welche Werkzeuge Sie für einzelne Arbeitsanleitungen brauchen, ersehen Sie aus den Abbildungen unter der Rubrik »Werkzeug«, die Sie bei allen Arbeitsanleitungen finden.

Werkzeuge zum Messen

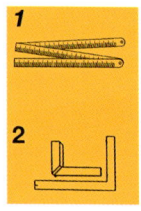

1   Zollstock: Benötigen Sie bei fast allen Arbeitsgängen, in denen es auf Genauigkeit ankommt.

2   Winkelmaß: Zum Anzeichnen rechter Winkel, beim Ablängen von Latten und Brettern.

Werkzeuge zum Sägen

3   Holzsägen: Zum Ablängen von Latten.

4   Doppelgelenkzange: Besonders praktisch zum maßgenauen Abtrennen von gehärtetem Draht, z. B. Hafnerdraht und -klammern.

5   Winkelschleifer: Zum Ablängen und Bearbeiten von Schamottesteinen, Stahlprofilen sowie für großflächige Schleifarbeiten, die per Hand große Mühe machen würden.

6   Steintrennmaschine: Zum Schneiden von Kacheln und Schamotten.

7   Messer: Zum Schneiden von Dämmstoffmatten und -filzen besonders praktisch.

8   Stichsäge: Zum Ablängen von Latten, Rund- und Kanthölzer, deren Durchmesser weniger als 60 mm beträgt.

9   Leichtsteinsäge: Zum Sägen von Leichtbausteinen.

Werkzeuge zur Oberflächenbehandlung

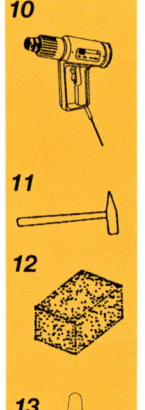

10   Bohrmaschine: Mit rechts- und linksdrehendem Lauf für Schraubarbeiten. Gleichzeitig mit Schlagbohrvorrichtung für das Bohren in Stahlbeton.

11   Hammer: Schreinerhammer, nicht zu schwer: bis zu 500 g.

12   Schwamm: Er ist recht nützlich zum Entfernen überschüssiger Anstrichmittel und generell zum Säubern von Oberflächen.

13   Deckenbürste: Wichtiges Werkzeug zum sorgfältigen Auftragen von Grundierungen und Anwässern von Mauerflächen.

14 Meißel: Zum Entfernen von Mörtelresten auf dem Unterboden, zum Anstemmen von Balkenlöchern, zum Vorbereiten der Stufenkanten von Steintreppen, für die Verlegung von Teppichboden, erleichtert ein Meißel die Vorarbeiten.

15 Glättkelle: Zum Verputzen des Kachelofens.

Zusätzliche Werkzeuge

16 Wasserwaage: Zum Einmessen des Unterbodens in Verbindung mit einem Richtscheit oder einem langen geraden Brett benötigen Sie unbedingt eine Wasserwaage. Prüfen Sie die Wasserwaage auf Genauigkeit, indem Sie sie auf einem waagerechten Probestrich an der Wand in den beiden entgegengesetzten Richtungen anhalten.

17 Schraubenzieher: Sollten Sie in größerer Anzahl immer griffbereit haben, für verschiedene Schraubengrößen passend.

18 Schraubenschlüssel: Ein praktisches Werkzeug zum Justieren von Maschinenmuttern u. Schrauben an Öfen und Kaminen.

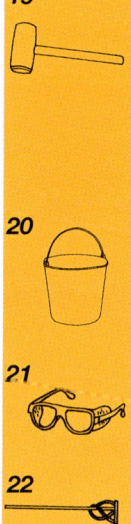

19 Gummihammer: Er eignet sich sehr gut zum maßgenauen Ausrichten von Bausteinen, Fliesen und Schamottesteinen im Mörtelbett, da er eine schonendere Arbeitsweise ermöglicht als ein Maurerhammer.

20 Eimer: Zum Anmachen von Mörtel, Putz und Klebern. Der Eimer sollte einen kräftigen Henkel und einen verstärkten Rand haben.

21 Schutzbrille: Für alle Arbeiten unerläßlich, bei denen kleine Teilchen wegfliegen können.

22 Rührquirl: Zum Anrühren von Klebern, Mörtel und Putz.

Bodenvorbereitung

Nachdem Sie sich jetzt für einen bestimmten Kachelofentyp entschieden haben, mit Ihrer Planung das Aussehen des Ofens und seinen genauen Standort festgelegt haben, bereiten Sie jetzt den Boden unter Ihrem Kachelofen vor. Sie können bei einer Betondecke den Kachelofen auf den **Rohbeton** stellen bzw. auf einen **Estrichsockel**. Unter diesem Estrichsockel darf sich kein verformbares Material, wie z. B. Isolierungen, befinden. Dieser Estrichsockel darf keine Verbindung zum restlichen Boden (schwimmender Estrich) des Raumes haben, weil sonst eine Schallbrücke entsteht und der Estrich unkontrolliert reißen kann. Bei einer Holzdecke oder Holzbalkendecke ist eine mindestens 5 cm dicke **Betonplatte** als Standfläche für den Kachelofen erforderlich, die z. B. mit **Dachpappe** unterlegt ist. Bei Holzdecken oder Holzbalkendecken befragen Sie in jedem Fall einen Architekten, der Ihnen über die Tragfähigkeit des Unterbaus und die evtl. erforderlichen baulichen Maßnahmen Auskunft geben kann. Wenn diese Punkte geklärt sind, reißen Sie den Grundriß Ihres Kachelofens genau am vorgesehenen Standort an. Wenn Sie eine Frischluftzufuhr durch den Kellerboden direkt unter dem Ofen geplant haben, setzen Sie jetzt den Luftschacht, bevor Sie mit der Bodenvorbereitung fortfahren. Der Boden unter dem Kachelofen sollte staubfrei sein. Sie erreichen das am einfachsten, indem Sie diesen Bereich fliesen. Sie können dafür jede **Keramikfliese** *(1–3)* verwenden. Besondere Ansprüche an Qualität oder Aussehen brauchen Sie nicht zu stellen, außer vielleicht an den Stellen, an denen Sie wie z. B. beim Sockelbogen unter den Ofen sehen können. Beim Fliesen unter dem Ofen ist es nicht so wichtig, wie genau die Fliesen ausgerichtet sind; Sie brauchen zum Ofenaufbau einfach eine glatte waagrechte Fläche. Die Fliesen schneiden Sie am besten mit einem Fliesenschneider oder mit einer Steintrennmaschine, die Sie sich zum Schneiden der Schamottesteine Ihres Kachelofens vom Baumaschinenhändler ausleihen sollten. Anschließend werden die Fliesen verfugt. Für das Kleben und Verfugen der Fliesen sind die handelsüblichen Fliesenkleber und Verfugungsmassen ausreichend.

Frischluftzufuhr

Grundsätzlich muß bei einer Brennstelle innerhalb einer Wohnung eine **Luftöffnung** vorhanden sein. Die durch den Schornstein ins Freie entweichende Verbrennungsluft muß im Wohnraum ersetzt werden, damit kein Unterdruck entsteht. Vorgeschrieben ist, daß in den Raum, in dem die Brennstelle steht und Luft verbraucht, bei einem Unterdruck von 0,04 mbar pro 1 KW Heizleistung eine Luftmenge von 1,6 m^3/ Std. nachströmen können muß. Befinden sich noch weitere Brennstellen im Raum, muß die Gesamtheizleistung aller Brennstellen als Berechnungsgrundlage herangezogen werden. Die Belüftung kann erfolgen durch eine **Wandöffnung** ins Freie, durch **undichte Stellen** in der Wand, **unter den Türen, an den Fenstern** usw. Dies kann aber auch durch **technische Einrichtungen** erfolgen. Da in der Regel im Heizungskeller eine Zwangsbelüftung für die Zentralheizung vorhanden ist, bietet sich auch eine Öffnung in den Heizungskeller an. Befragen Sie zu diesem Punkt aber auf jeden Fall den Schornsteinfegermeister, vor allem wenn in dem Raum, in dem der Ofen stehen soll, ein mecha-

nischer Dunstabzug vorhanden ist. Auch die Größe des Raums, in dem sich die Brennstelle befindet, ist von Bedeutung. In einem großen Raum ist es viel schwieriger Unterdruck zu erzeugen als in einem kleinen. In Räumen unter 12 qm Wohnfläche darf kein Kachelofen betrieben werden. In der Praxis bedeutet das, daß Sie für einen Grundofen fast nie, für einen Warmluft- / Kombiofen selten und für einen offenen Kamin immer eine zusätzliche Luftöffnung im Raum schaffen müssen. (Der offene Kamin ist mit 340 kW pro qm Feuerraumöffnung zu berechnen.)

Wenn Sie die Möglichkeit haben, Zuluft über einen Kellerraum unter dem Kachelofen zuzuführen, dann setzen Sie einfach unter ihrem geplanten Kachelofen ein **Rohr** in die Kellerdecke, das den Wohnraum mit dem Heizungskeller verbindet. Dieses Rohr kann im Durchmesser etwas kleiner sein als der Schornsteinzug (warme Luft dehnt sich aus). Verwenden Sie dazu bitte ein Metall- oder Steinzeugrohr. Kunststoffteile sind im Bereich des Kachelofens fehl am Platz. Sie bohren dazu ein Loch, an der entsprechend ihrem Grundriß-

plan für den Kachelofen ausgesuchten Stelle, durch die Kellerdecke und putzen das Rohr ein. Das Rohr soll unter dem Kachelofen ungefähr bündig mit dem Boden abschließen. Prüfen Sie bitte, ob nicht gerade an der Stelle, an der Sie das Zuluftrohr setzen wollen, ein tragendes Teil Ihrer Kellerdecke ist. Da die erforderliche **Zuluftmenge** von der Heizleistung Ihres Ofens abhängig ist, kann hier keine endgültige Größenangabe gemacht werden. Bei der Zuluftführung durch den Heizungskeller haben Sie den Vorteil, daß die Zuluft durch die Abwärme des Heizungskellers bereits vorgewärmt ist und Sie keinerlei Absperreinrichtung, wie bei der Zuluft direkt von außen, benötigen. Wenn eine Zuluftführung durch den Heizungskeller nicht möglich ist, können Sie einen Zuluftschacht durch die Außenwand des Hauses setzen. Es ist unerheblich, ob diese Öffnung im Bereich des Kachelofens ist oder sonst irgendwo im Raum. Es kann allerdings zu Zugluft führen, wenn die Luftöffnung und der Kachelofen weit voneinander getrennt sind. Bauen Sie die Zuluftführung knapp über dem Wohnraumboden mit einem leichten Gefälle nach außen in die Mauer. Achten Sie darauf, daß Ihr Zuluftschacht eine **Luftklappe** zum Absperren des Luftstroms hat, damit nicht der Wind in die Wohnung bläßt, auch wenn Sie Ihren Kachelofen gar nicht in Betrieb haben. Ein **Insektengitter** darf auf keinen Fall fehlen. Vom Kachelofensetzer können Sie fertige Zuluftöffnungen mit Absperreinrichtung beziehen.

Eine weitere Möglichkeit ist, die Zuluft über den Keller ins Haus zu führen. Das funktioniert, wenn Sie ein recht offenes Haus ohne Türen zwischen Keller und dem Raum mit der Brennstelle oder mit nicht rundum anschlagenden Türen haben. Der örtlich zuständige Schornsteinfegermeister muß mit dem Kaminanschluß auch die Zuluftführung genehmigen.

Da sich der Mikrostaub, der sich im Wohnraum befindet, zum Boden hin absenkt, wird er von dort als Verbrennungsluft angesaugt und als Rauchgas ins Freie befördert. Frische sauerstoffreiche Luft gelangt in den Wohnraum. Dieser Vorgang ist als Feuerventilation bekannt.

Zuluft

Sockelbau

1

2

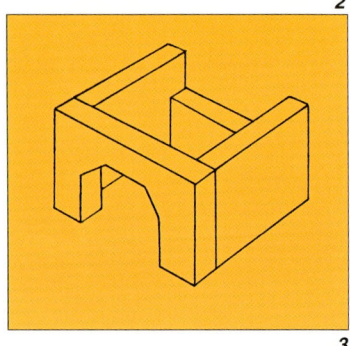

3

Der **Sockel** ist die untere Abgrenzung des Kachelofens zum Boden hin. Gleichzeitig steht der gesamte Ofen bzw. die gesamte sichtbare Außenschale darauf (Warmluftofen / Heizkamin). Am einfachsten bauen Sie (außer beim offenen Kamin) den Sockel mit **Leichtbausteinen** auf. Leichtbausteine gibt es in unterschiedlichen Formaten. Für den Kachelofensockel verwenden Sie am besten das Format 62,5 cm x 25 cm x 10 cm. Die Oberkante Ihres Kachelofensockels soll 45 cm über dem fFb (fertigen Fußboden), d. h. über Ihrer Teppich-, Fliesen- oder Parkettoberfläche sein. Ein Beispiel: Sie stellen Ihren Kachelofen auf die Betondecke. Ihr Bodenaufbau besteht aus 4 cm Isolierung, 6 cm Estrich, 1,5 cm Parkettboden. Dann schneiden Sie die Leichtbausteine mit der Leichtbausteinsäge so ab, daß sie 56,5 cm lang sind. Wenn Sie die Steine jetzt hochkannt auf den gefliesten Betonboden stellen, ragen diese genau 45 cm über den fFb hinaus.
Entsprechend Ihres Grundrißplans gestalten Sie so den gesamten Sockel. Bevor Sie die Steine auf den Boden kleben,

schneiden Sie noch an den vorgesehenen Stellen den oder die Sockelbögen. Der **Sockelbogen** *(1–3)* hat die Funktion der Luftführung unter den Kachelofen. Wird kein Sockelbogen gebaut, muß eine andere Luftzuführung im Sockelbereich des Ofens freigelassen werden. Die Form des Sockelbogens hat für die Technik des Ofens keine Bedeutung. Machen Sie sich aus Pappe eine Schablone, legen Sie je nach Größe die Leichtbausteine, die der Bogen umfaßt, nebeneinander und reißen Sie den Bogen an. Anschließend schneiden Sie mit einer Stichsäge den Bogen aus.

Profitip
Wenn Sie keine Stichsäge haben, mit der Sie 10 cm dicke Materialien sägen können, dann verwenden Sie im Sockelbogenbereich 5 cm starke Steine. Schneiden Sie sie aus und kleben Sie sie anschließend zusammen.

Da der Sockel später noch verputzt wird, können Sie dann unsaubere Schnittstellen problemlos ausbessern. Über dem Bogen sollte der Stein noch eine Stärke von ca. 10 cm haben. Der

Sockelbogen ist nur im vorderen sichtbaren Bereich als Bogen geformt. Nach hinten wird der Bogen optisch begrenzt, indem man einfach Leichtbausteine kastenförmig anbaut. Den oberen hinteren Bereich dieses Kastens lassen Sie frei. Dadurch kann Luft unter den Ofen gelangen. Wenn Sie vor dem Ofen stehen, können Sie aber nicht unter den Ofen schauen. Dadurch wirkt er anschaulicher. Der Sockelbogen darf nicht vollständig mit Brennholz gefüllt werden.

Sie können sich zwar dann den Kasten sparen, aber es würde nicht mehr genug Luft unter den Kachelofen gelangen. Beim Sockel gibt es Unterschiede, je nachdem, ob dieser für einen Grundofen oder für einen Warmluftofen / Heizkamin geplant ist. Der Grundofen ist ein massiv aus Schamottesteinen gebauter Kachelofen, der einen Sockel benötigt. Dieser deckt die gesamte Grundfläche »zinnenartig« ab. Zinnenartig deshalb, weil er auch nach unten Wärme abgibt. Diese Wärme soll durch eine Luftströmung über die Hinterlüftung in den Wohnraum geholt werden. Deshalb darf der Sockel unter

dem Grundofen nicht massiv sein. Beim Warmluftofen steht nur die Außenschale auf dem Sockel. Der im inneren Bereich des Ofens stehende Heizeinsatz und der Nachheizkasten stehen auf eigenen »Beinen«. Wenn der Untergrund glatt und waagerecht gearbeitet wurde, können Sie alle Leichtbausteine für den Sockel gleich lang schneiden und mit Flexkleber auf den Boden und aneinander kleben. Beim Grundofen ist der Bereich der Hinterlüftung freizuhalten. Es ist sehr wichtig, daß die Oberkante des Sockels genau waagrecht ist.

Eckiger Sockelausschnitt

Sockelausschnitt mit Schräge

Runder Sockelausschnitt

Kaminanschluß

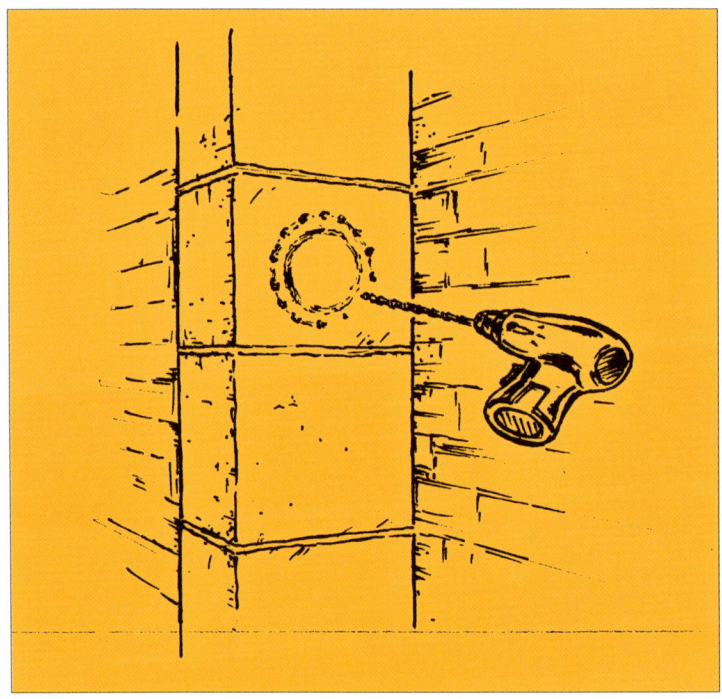

Bohren zum Kaminanschluß

Der Kaminanschluß ist ein sehr wichtiger Teil des Kachelofenbaus, den der Schornsteinfegermeister genau prüft. Wenn Sie einen Warmluftofen, Kombiofen, Heizkamin, offenen Kamin oder Kaminofen planen und ein Kaminanschlußstein vorhanden ist, haben Sie keine Probleme. Sie messen den Querschnitt des Anschlusses ab, besorgen sich entsprechend Ihrer Ofenplanung die Ofenrohre, Briden und das Wandanschlußfutter. Wenn der Heizeinsatz und der Nachheizkasten richtig stehen, schneiden Sie die Rauchgasrohre mit einem Trennschleifer auf die richtige Länge, so daß Sie die Teile zusammenstecken und genau mit dem Wandfutter in den Kaminanschlußstutzen einpassen können. Mit einer feuerfesten Dichtschnur, die zwischen Anschlußstutzen und Wandfutter geschoben und gegen Herausrutschen gesichert wird, haben Sie Ihren Kaminanschluß fertiggestellt.

Wenn kein Kaminanschlußstein vorhanden ist, müssen Sie diesen setzen. Dazu bekommen Sie im Fachhandel einen für ihren Kamin passenden **Anschlußstutzen**. Wenn Sie einen Grundofen bauen, warten Sie mit dem Setzen des Kaminanschlußstutzens bis Sie genau ausmessen können, an welcher Stelle Sie den Anschluß benötigen. Die Vorgehensweise beim Setzen des Wandfutters ist dann die gleiche wie vorher beschrieben. In der Regel besteht ein Kamin aus einer Außenschale, einer Isolierung und, darin eingebettet, einem Schamotterohr. Zum Setzen eines Anschlußstutzens muß der Außenstein vorsichtig aufgebohrt, die Isolierung in diesem Bereich entfernt werden und dann das Schamotterohr ganz vorsichtig aufgebohrt werden, damit keine Teile davon abbrechen. Der Anschlußstutzen muß vom Querschnitt genau zum

Kaminquerschnitt passen. Sie zeichnen sich den vorgesehenen Platz für Ihren Kaminanschluß an. Am Außenstein (Mantelstein) geben Sie rundum 5 -10 cm zu, um dann am Schamotterohr noch arbeiten zu können. Mit einer Bohrmaschine setzen Sie dann reihum viele kleine Bohrungen, um einen runden Ausschnitt zu bekommen. Bohren Sie aber nur so tief, bis Sie auf die weiche Isolierung stoßen. Das Schamotterohr dürfen Sie jetzt in dieser Größe des Kreises nicht anbohren. Wenn die Öffnung im Mantelstein frei ist, entfernen Sie die Isolierung in diesem Bereich. Mit einem Messer schneiden Sie den freigelegten Kreis aus. Sie dürfen ihn auf keinen Fall einfach herausziehen, weil sonst die Isolierung auch aus benachbarten Bereichen des Kamins mit herausgezogen wird. Jetzt wird der Anschlußstutzen auf das freigelegte **Schamotterohr** gehalten und eingepaßt. Zeichnen Sie durch den Anschlußstutzen den inneren Kreis (das lichte Maß) an das Schamotterohr des Kamins. Diesen bohren Sie jetzt genau wie am Mantel aus. Legen Sie an der Kaminputzöffnung eine Abdeckung in den Kamin, daß hinab-

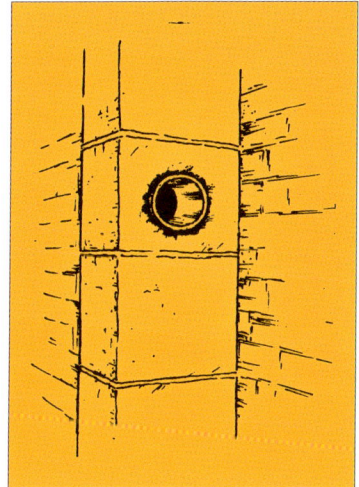

Kaminanschlußstutzen

fallende Teile keine Beschädigung verursachen können. Jetzt mauern Sie den Anschluß, vorher mit Säurekleber oder Säure- und temperaturbeständigem Haftmörtel sauber verrieben, ein. In den freien Bereich zwischen Mantelstein und Anschluß stecken Sie noch Isoliermaterial, das Sie aus dem Kamin entnommen haben. Fixieren Sie den gesetzten Anschluß, bis das Klebematerial abgebunden hat. An der Unterseite des Anschlußes klemmen Sie kleine passende Teile aus dem Mantelstein zwischen Mantelstein und den mit Isolier-

material verkleideten Anschlußstutzen ein. Anschließend putzen Sie die Öffnung am Mantelstein zu. Fassen Sie mit der Hand durch den Anschluß in den Kamin und verschmieren Sie die Verbindung im Kaminzug sorgfältig. Es darf nichts in das Schamotterohr des Kamins hineinragen. Jetzt können Sie Ihr Wandanschlußfutter und die übrige **Rauchrohrverbindung** anbringen. Die Rauchrohre müssen auch an den Verbindungen dicht sein. Die Rauchrohre werden immer so zusammengesteckt, daß das sich näher am Kamin befindliche Stück über das Ende des vorherigen Stücks gesteckt wird. Das beginnt bereits an der Verbindung zwischen Heizeinsatz und Nachheizkasten. Meist sind die Verbindungen so genau, daß sie dicht sind. Dort wo Verbindungen nicht fest sitzen, können Sie mit Verbindungsschellen eine feste Verbindung herstellen. An den Verbindungen am Heizeinsatz und am Nachheizkasten können Sie eventuellen Undichtigkeiten durch Verschmieren mit Kesselkitt vorbeugen. Die Rauchgasrohre vom Heizeinsatz bis zum Kaminanschluß müssen dicht sein.

Kacheln setzen

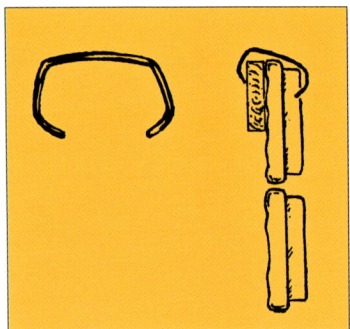

1

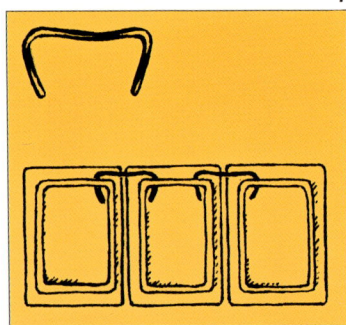

2

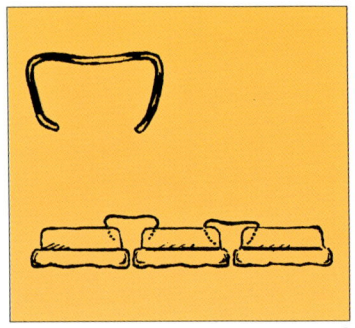

3

Für das Setzen von Kacheln an einem Ofen sollten Sie ausreichend Zeit einplanen. Kacheln sind an der Oberfläche glasiert und eine Beschädigung dieser Glasur führt in der Regel dazu, daß die Kachel unbrauchbar wird.

Profitip
Räumen Sie Ihre Baustelle von allem frei, was Sie nicht unbedingt benötigen. Jede an die Wand gelehnte Wasserwaage kann umfallen und die Kacheln beschädigen. Jeder Gegenstand, den Sie mit dem Fuß anstoßen, kann weggeschleudert werden und einen Schaden an den Kacheln verursachen.

Bevor Sie mit dem Aufbau der Kacheln am Ofen beginnen, legen Sie die Kacheln auf dem Boden aus. Besonders handgefertigte Kacheln haben ungleichmäßige, farblich schwankende Oberflächen. Legen Sie die Kacheln so zusammen, wie Sie sie später am Kachelofen dekorieren möchten. So bekommen Sie einen angenehmen Farbverlauf und können dadurch vermeiden, daß ganz helle und ganz dunkle Kacheln im hauptsächlich sicht-baren Bereich des Kachelofens nebeneinander stehen. Durch das Auslegen der Kacheln erkennen Sie rechtzeitig, ob Ihnen etwas fehlt oder eine Kachel beschädigt ist. Je nachdem, für welche Kacheln Sie sich entschieden haben, verläuft jetzt der Aufbau. Bei herkömmlichen Kacheln, mit Stegen an der Rückseite, brauchen Sie zum Aufbau **Hafnerklammern**. Da die Stege von Form zu Form und die Abstände von Kachelhersteller zu Kachelhersteller verschieden sind, gibt es solche Hafnerklammern nicht fertig zu kaufen. Um sich diese selbst herstellen zu können, besorgen Sie sich einen 2 - 3 mm starken Federstahldraht. Mit einer Beißzange zwicken Sie ein Stück von ca. 15 cm Länge ab. Mit einer Flachzange biegen sie den Draht so, daß er in der Form der Abb. **1** entspricht. Für das gerade Ausrichten und Fixieren beim Kachelaufstellen benötigen Sie gerade Holzlatten, die auf die Längen ihrer Ofenwände abgestimmt sind. Nehmen Sie jetzt eine Holzlatte und eine Kachel und versuchen Sie, diese wie auf Abb. **1** zusammenzuklammern. Sie erkennen sofort, ob die Klammer zu lang ist und nachgespannt werden muß. Indem Sie probieren, finden Sie die richtige Größe heraus. Die Klammer muß straff sitzen, sich aber wieder ohne Beschädigung von der Kachel entfernen lassen. Die Klammern der Abb. **2** benötigen Sie, um die Kacheln nebeneinander zu verbinden. Oft sind in den Stegen der Kacheln bereits Löcher für diese Klammern vorgesehen. Wenn nicht, können Sie diese selbst bohren oder Sie verwenden Klammern wie in Abb. **3**, die Sie dann von der Rückseite über die Stege schieben. Denken Sie bei der Verbindung der Kacheln daran, daß Sie eine Fuge von ca. 3 Millimeter freilassen.

Sicherheitstip

Der abgezwickte Federstahldraht hat scharfkantige Enden. Um Verletzungen zu vermeiden, sollten Sie bei der Herstellung der Hafnerklammern unbedingt Handschuhe tragen.

Wenn Sie sich entsprechend der Größe Ihres Kachelofens und der Anzahl der Kacheln ausreichend Hafnerklammern gefertigt haben, können Sie mit dem Aufstellen der Kachelwände beginnen. Sie sollten bei der Planung Ihres Kachelofens schon abgeklärt haben, wie stark Ihre Kachelwände werden sollen. Je dicker die Kachelwand ist, um so träger ist der Kachelofen in der Aufheizphase. Allerdings speichert er dann auch länger die Wärme. Sie können die Kachelwand aufstellen, ohne die Kacheln zu hinterfüttern. Die Kacheln erwärmen sich dann sehr schnell. Sowohl an den Stellen, an denen die Kacheln verklebt bzw. vermauert sind, als auch an den Stegen ist die Wärme aufnehmende Masse wesentlich größer als an der dünnen Kachelmitte. Dadurch erhitzt sich die Kachel nicht gleichmäßig. Wenn Sie die Kachel hinterfüttern, dann ist die Speichermasse über die gesamte Fläche gleichmäßig verteilt. Die Erwärmung dauert etwas länger, ist aber gleichmäßiger. Wenn Sie besonderen Wert auf Wärmespeicherung legen, sollten Sie an die Kachelwand noch einen **Schamottevorschub** anbauen. Die Speichermasse erhöht sich dadurch. Da die Kachelwand nicht mit dem Rauchgas in Berührung kommt, muß kein säurefester Mörtel verwendet werden. Es gibt im Fachhandel spezielle temperaturbeständige **Haftmör-**

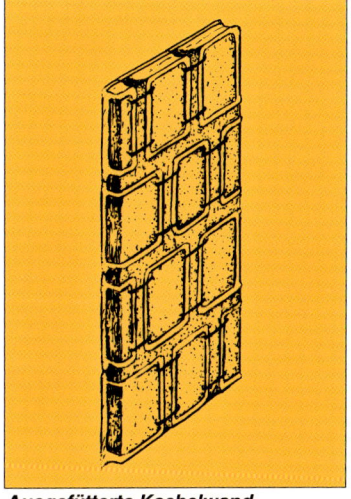

Ausgefütterte Kachelwand

Schamottevorschub

tel, die sich für das Aufstellen von Kachelwänden besonders eignen. Wenn Sie jetzt die erste Kachelreihe setzen, achten Sie darauf, daß diese Kachelreihe genau im Wasser steht und die Fugen zwischen den Kacheln gleichmäßig sind. Damit die Hafnerklammern die Kacheln nicht immer wieder zusammenziehen, besorgen Sie sich kleine Holzkeile, mit denen Sie die Abstände exakt justieren können. Wenn Sie die Kachelreihe mit der Holzlatte und den Hafnerklammern sauber ausgerichtet und fixiert haben, füllen Sie den Bereich zwischen Steg und Sockel mit Haftmörtel. Zum Hinterfüttern der Kacheln schneiden Sie die Schamotteplatten auf eine Größe zu, so daß Sie sie mit einer ca. 1 - 2 cm breiten Fuge rundum innerhalb des Stegs von hinten auf die Kachel legen können. Sie füllen die Kachelrückseite innerhalb des Stegs mit Schamottemörtel oder temperaturbeständigem Haftmörtel; anschließend drücken Sie die Schamotteplatte so an, daß die Rückseite der Kachel mit dem Steg eine glatte Fläche bildet. Zwischen der Kachel und dem Füllmaterial darf nirgends Luft entstehen. Die Rückseite der

Kachelwand soll dann eine glatte Fläche (Seite 69 oben) bilden. Wenn Sie eine Kachelwand mit Vorschub aufbauen wollen, gehen Sie genauso vor und mauern Sie hinten an die Kachel eine zusätzliche Schamottewand (Seite 69 unten) an. Bis Sie diese erste Reihe vollständig gesetzt haben, hat der Haftmörtel wahrscheinlich am Anfang der Reihe soweit abgebunden, daß Sie mit dem Setzen der zweiten Kachelreihe beginnen können.

Profitip

Setzen Sie die Kacheln genau in der Reihenfolge wie sie liegen. Es ist später nicht möglich, eine einzelne Kachel auszutauschen oder zu drehen. Ein nicht passender Farbverlauf stellt einen dauerhaften optischen Mangel dar.

Wenn die Kachelwände aufgebaut sind, legen Sie auf die Größe Ihres Kachelofens angepaßte Metallwinkelprofile, ca. 30 x 30 x 2 mm, darüber. Auf diese Winkelprofile legen Sie als Abdeckung Schamotteplatten. Dadurch bekommen Sie eine geschlossene Fläche, auf die Sie Ihre Kacheln legen können.

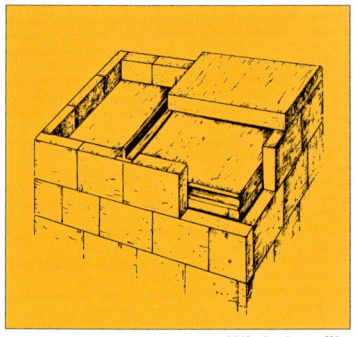

Winkelprofile

Um Ihre Kacheln, Abdeckplatten oder Simsläufer auf der Schamotteabdeckung sicher, sauber und gerade setzen zu können, streichen Sie auf die Schamotteplatten ein Mörtelbett.

Wenn Sie sich entschließen, Kacheln mit **Kleberumpf** zu verwenden, erleichtern Sie sich dadurch die Arbeit ganz erheblich. Bedauerlicherweise sind Kacheln mit Kleberumpf am Markt wesentlich seltener anzutreffen als Kacheln mit Steg. Der Kleberumpf hat den Vorteil, daß Sie Ihre Kachelwand wie eine Mauer aufstellen können. Auf ein Verklammern der Kacheln können Sie dabei verzichten. Eine besondere Arbeitsvereinfachung erreichen Sie, wenn Sie sich gerade Kachelflächen vorfertigen. Zu diesem

Zweck brauchen Sie eine glatte saubere Fläche, die Sie mit Pappe oder einem Tuch abdecken. Es ist wichtig, daß sich keine Sandkörner darauf befinden. Unter der Pappe oder dem Tuch darf sich kein Gegenstand befinden, der sich durchdrücken könnte. Jetzt legen Sie Ihre Kacheln mit der Sichtseite nach unten. Die Kacheln müssen genau in der Reihenfolge, wie Sie den Farbverlauf zusammengestellt haben, aufgelegt werden.

Mit einem **Winkel** und einer **Wasserwaage** richten Sie die Kacheln jetzt genau aus. Achten Sie auch auf die gleichmäßige Größe der Fugen. Jetzt füllen Sie die Zwischenräume zwischen den Kacheln mit Haftmörtel. Die Kacheln dürfen sich dabei nicht verschieben. Nachdem der Haftmörtel abgebunden hat, können Sie Ihre Kacheln bequem hinterfüttern. Sobald die so vorgefertigte Kachelwand trocken ist, können Sie diese aufstellen. Wenn Sie alle Kachelwände Ihres Ofens auf diese Weise fertiggestellt haben, kleben Sie diese mit Haftmörtel zusammen. Die Abdeckung fertigen Sie wie vorher beschrieben.

Liegende Kachelwand

Stehende Kachelwand

Kachelofen verputzen

Eine sehr beliebte Form des Kachelofens ist der verputzte Ofen mit **Keramikabdeckung**. Es sind also nur die waagerechten Flächen und die Simse verkachelt. Der Rest des Ofens besitzt eine verputzte Oberfläche. Teilweise werden auch die waagerechten Flächen und die Simse verputzt. Der Ofen wird dann in der Regel weiß gestrichen. Das hat den Vorteil, daß Sie dieser Ofen nicht in Ihrer farblichen Einrichtung bindet, wenn Sie sich in ein paar Jahren völlig anders einrichten wollen. Durch einfach durchzuführende Veränderungen am Putz oder an den Simsen kann das Aussehen des Ofens erheblich verändert werden. Zudem ist ein verputzter Ofen auch noch wesentlich billiger. Wenn Sie den Sockel Ihres Kachelofens gebaut haben, setzen Sie eine Schamottemauer darauf. Da diese Außenmauer nicht mit dem Feuer und dem Rauchgas in Berührung kommt, muß kein säurefester Mörtel oder Kleber dafür verwendet werden.

Sie können jeden temperaturbeständigen Mörtel gebrauchen. Oft wird für diese Außenmauer ein Flexkleber verwendet. Dadurch, daß Sie die Schamottesteine im Verbund (verzahnt) setzen, erhöht sich die Stabilität der Mauer. Mit einer Wasserwaage kontrollieren Sie laufend nach, ob Ihre Mauer gerade steht und ob die Steine der oberen Reihe waagerecht vermauert sind. Für die Abdeckung legen Sie auf die Größe Ihres Ofens zugeschnittene Winkelprofile, ca. 30 x 30 x 2 mm, auf Ihre Schamottemauern. Die Winkelgröße sollte der Stärke Ihrer Schamottesteine oder Platten entsprechen.

Bitte befestigen Sie die Winkelprofile nicht an den Schamotteplatten. Sie dehnen sich stärker als die Schamotte und müssen deshalb arbeiten können, ohne Schaden anzurichten.

Verbundmauer

Auf diese Winkelprofile legen Sie Schamotteplatten und decken so Ihren Ofen ab. Bevor Sie Ihren Ofen verputzen, sollten Sie ihn ein bißchen aufheizen. Die Schamottemauer sollte eine Oberflächentemperatur von ca. 40° C haben.

Dadurch vermindern Sie das Risiko, daß Ihr Ofen **Putzrisse** bekommt. Zum Verputzen des Ofens verwenden Sie einen **Hafnerputz**. Es gibt solche Putze für die einlagige oder zur mehrlagigen Verarbeitung. Der geübte Ofensetzer wählt den Putz für die einlagige Verarbeitung, weil er dann mit weniger Arbeitsgängen auskommt.

Der Heimwerker sollte besser zwei Schichten auftragen, um eine ansehnliche Oberfläche zu bekommen. So lassen sich Nachbesserungsarbeiten leichter durchführen. Auch wenn es heute Hafnerputze gibt, die ohne Putzträger verarbeitet werden können, ist das Verwenden eines Putzträgers eine zusätzliche Sicherheit, daß keine Putzrisse entstehen. Gerade an Stellen, an denen unterschiedliche Materialien zusammentreffen oder an Stellen, an denen das Material erhitzt wird, entsteht durch die unterschiedliche Ausdehnung des Materials eine starke Beanspruchung des Putzes. Als **Putzträger** bieten sich Drahtgitter (Hasenstallgitter), Glasfasergewebe oder Ziegelgitter an. Das **Drahtgitter** ist eine bewährte und preiswerte Methode. Sie biegen das Gitter so, daß es sich genau den Ofenformen anpaßt. Beim Aufmauern der Schamottewand wird dafür, mit etwa 20 cm Abstand in die Fugen eine Drahtschlinge eingelegt, deren zwei offenen Enden dann mit diesem Drahtgitter verbunden werden. Das Gitter wird so am Ofen festgedrahtet. Sie können das Gitter auch an den Ofen anpassen und an mehreren Stellen mit Putz oder Haftmörtel fixieren. Sobald das Gitter überall genau am Ofen anliegt, können Sie den Putz auftragen. In gleicher Weise können Sie mit dem **Ziegelgitter** oder dem **Glasfasergewebe** verfahren. Achten Sie vor allem an den Kanten darauf, daß sich keine »Nasen« bilden. Das Ziegelgitter eignet sich ganz besonders gut für runde und geschwungene Formen, die mit Steinen und Platten nur sehr mühselig oder gar nicht errichtet werden können. Das Ziegelgitter ist auch ein

Ziegelgitter ausschneiden

Ziegelgitter

Drahtgitter, das zusätzlich mit Material, wie bei gebrannten Ziegeln, ummantelt ist. Sie können dieses Gitter mit einer Beißzange zertrennen. Formen Sie das Ziegelgitter nach Ihren Vorstellungen. Anschließend wiederholen Sie diesen Vorgang noch einmal, so daß Sie zwei Lagen dieses Ziegelgitters übereinanderlegen können.

Mit Draht verflechten Sie jetzt diese beiden Ziegelgitterlagen. Diese sind jetzt so dicht, daß Sie eine Lage Haftmörtel auftragen können, ohne daß dieser einfach durch das Gitter fällt. Wenn der Haftmörtel dann abgebunden hat, sind die beiden Gitter so fest miteinander verbunden, daß sie gemeinsam mit dem Haftmörtel eine gut tragende Mauer bilden.

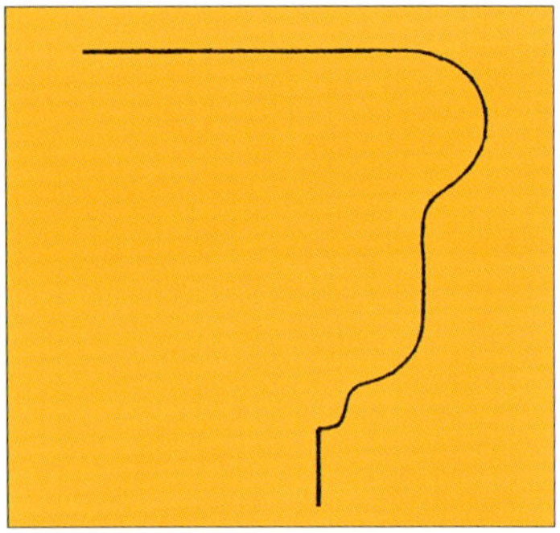

Jetzt verputzen Sie wie bei jeder anderen Kachelofenwand.

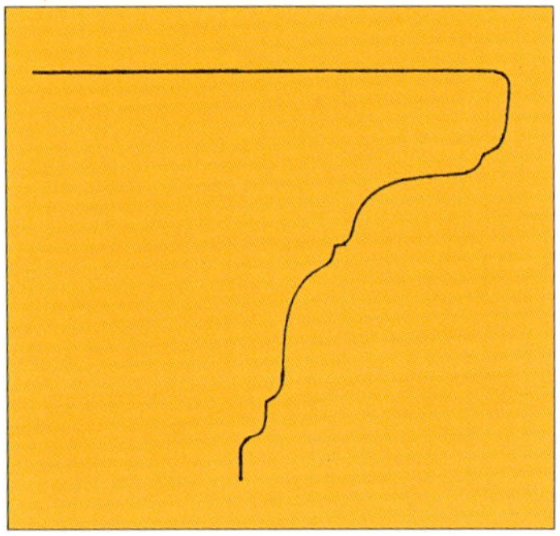

Selbstverständlich hat diese aus Ziegelgitter geformte Wand keine große Tragfähigkeit. Wenn Sie ein Draht- oder Ziegelgitter auf der Abdeckung Ihres Ofens anbringen, es etwas über den Rand hinausragen lassen und es am Überstand etwas rund biegen, können Sie sich Ihre Simse selbst aus Putz formen. Sie tragen dazu Putz auf das Gitter auf und formen ihn mit der Hand so, daß seitlich an der Oberkante Ihres Ofens ein halbrunder Vorsprung entsteht. Jetzt warten Sie einige Minuten, bis der Putz ein bißchen anzieht. Falls erforderlich, können Sie jetzt noch einmal etwas Putz auftragen. Ansonsten fertigen Sie sich eine Schablone mit dem Profil, in dem Sie die Simse Ihres Kachelofens haben möchten. Mit dieser **Schablone** ziehen Sie jetzt den halbrunden Vorsprung ab. Dort, wo die Form noch nicht ausreichend ausgeprägt ist, tragen Sie wieder Putz auf und ziehen ihn, nachdem er etwas angezogen hat, mit der Schablone wieder ab. Die Abbildungen *(1–4)* zeigen vier verschiedene Simsprofile.

1

2

3

4

Blindanbauten und Bögen

An einem Kachelofen befinden sich meistens einige Anbauten (Regale, Bogen), die in erster Linie der optischen Gestaltung dienen. Diese Anbauten sind sehr oft so gestaltet, daß sie nicht beheizt werden können.

Am leichtesten können Sie derartige Anbauten mit **Leichtbausteinen** formen. Denken Sie aber daran, diese Leichtbausteine zu isolieren. Bereiche Ihres Kachelofens, die Sie mit solchen Anbauten verbauen, geben keine Wärme mehr ab.

Wenn Sie diese Anbauten aus **Schamotte** bauen, erwärmen sie sich ein wenig. Für ein Regal stellen Sie einfach Schamotteplatten oder Leichtbausteine hochkant auf und kleben sie mit Haftmörtel oder Fliesenkleber waagerecht darauf. Wenn der Kleber abgebunden hat, können Sie Ihr Regal verkacheln oder verputzen.

Da an einem unbeheizten Anbau keine großen thermischen Belastungen auftreten, können Sie die Kacheln einfach auf die Mauer aufkleben. Wenn Sie einen Bogen mauern wollen, schneiden Sie sich aus einem Leichtbaustein die geplante Form. Dabei muß die Außenkante dieser Schablone den Innenmaßen Ihres geplanten Bogens entsprechen. Anschließend schneiden Sie sich Streifen aus Schamotte oder Leichtbausteinen mit der Länge, die Sie für die Tiefe Ihres Bogens vorgesehen haben. Jetzt stellen Sie Ihre Schablone in die Mitte an die Stelle, an die Ihr Bogen gebaut werden soll. Auf die Schablone legen Sie genau an die Form angepaßt einen Pappe-, Stoff- oder Filzstreifen. Jetzt legen Sie (Abb. *1–4*) die Streifen auf und verkleben sie miteinander. Wenn der Kleber abgebunden hat, entfernen Sie Ihre Schablone und verputzen den Bogen.

1

2

3

4

Aufbau eines Warmluftofens

Material
Heizeinsatz, Nachheizkasten, Einbausatz, Rauchgasrohre und Bögen, Leichtbausteine, Schamotte, Kacheln, Mörtel, Kleber, Putz, Verfugungsmaterial, Holzkeile, Hafnerklammern.

Werkzeug

Schwierigkeitsgrad

0	1	2	3

Kraftaufwand

0	1	2	3

Arbeitszeit
Ungefähr sieben Tage.

Ersparnis
Sie sparen bis zu 1800 €.

Wenn Sie Ihren Kachelofen sorgfältig geplant haben, können Sie mit dem Aufbau Ihres Kachelofens beginnen. Vielleicht haben Sie sich bei einem Hafnerbetrieb einen **Komplettbausatz** besorgt, dann haben Sie auch noch die Sicherheit, daß Ihnen jederzeit jemand mit Rat und Tat zur Seite steht. Zeichnen Sie sich aufgrund Ihres Planes die äußeren Konturen Ihres Kachelofens an. Sie wissen jetzt, welchen Platz Ihr Ofen einnehmen wird. Wenn Sie es nicht schon getan haben, bereiten Sie anschließend den Standort des Ofens vor. Der Estrich- / Betonsockel oder die Aussparung im Estrich soll staubfrei sein. Das erreichen Sie am besten, indem Sie diesen Bereich fliesen. Bevor Sie den Sockel setzen, sollten Sie Ihren Heizeinsatz aufstellen. Die Schamotteauskleidung für Ihren Einsatz wird in der Regel separat verpackt mitgeliefert. Die Schamotteplatten für die Auskleidung sind bereits auf das richtige Maß geschnitten. Sie brauchen nur den Deckel abschrauben und die für Ihren Heizeinsatz mitgelieferten Schamotteplatten entsprechend der Aufbauanleitung hineinstellen. Bringen Sie Ihren Einsatz aber vorher

Heizeinsatz

Luftgitter

Luftgitter

Eingebauter Heizeinsatz

Eingebauter Nachheizkasten

in die richtige Endposition. Achten Sie darauf, daß Ihr Einsatz entweder Räder hat oder auf Metallwinkeln steht. Sie sollten die Möglichkeit haben, ihn für Reinigungs- oder Wartungsarbeiten herausziehen zu können. Nach dem Auskleiden ist er so schwer, daß Sie ihn nur mit großem Kraftaufwand bewegen können. Steht der Einsatz an einer Stelle so dicht an der Wand, daß Sie die **Wandisolierung** nicht mehr anbringen können, muß diese Arbeit vor dem Aufstellen des Heizeinsatzes erfolgen. Die Wandisolierung soll ca. 6 cm dick sein. Verkleben Sie die Mineralfaser- oder Steinwollplatten rundum dicht mit Alukaschierung.

Ökotip
Ob Mineralfaser- bzw. Steinwollplatten gesundheitsschädliche Fasern freisetzen können, ist nicht vollständig bewiesen. Nehmen Sie trotzdem die zusätzliche Arbeit und die Kosten für die Alukaschierung in Kauf, um sicher zu sein, daß Sie Ihrer Gesundheit nicht schaden.

Wenn die Wand innerhalb der Kachelofenummauerung isoliert ist und die Fugen zwischen den Dämmplatten mit einem Aluklebeband verklebt sind, bauen Sie Ihren **Nachheizkasten** auf. Der Nachheizkasten muß von seiner Bauart zum Heizeinsatz passen. Achten Sie beim Aufstellen darauf, daß Sie später eventuell an die Putzöffnungen am Boden des Nachheizkastens herankommen. Stellen Sie den Nachheizkasten so auf, daß Sie durch die Türen ihrer Lüftungsgitter an die Rauchrohrbögen herankommen. Wenn Sie dann Rauchrohrbögen mit Reinigungsöffnungen verwenden, können Sie Ihren Nachheizkasten durch diese Öffnungen reinigen, ohne Ihren Heizeinsatz herausziehen zu müssen. Beim Zusammenstecken der Rauchrohre zum Kamin wird immer das näher am Kamin befindliche Rohr über das andere Rohrende gesteckt. Durch Rohrdichtschellen können Sie die Stabilität der Rauchrohrverbindungen verbessern. Sobald Sie Ihren Kaminanschluß fertiggestellt haben, bauen Sie den Sockel entsprechend Ihres Plans auf. Stellen Sie die auf die gewünschte Sockelhöhe abgeschnittenen Leichtbausteine auf der Innenseite entlang der angezeichneten Ofenkontur auf.

Wenn Sie einen Sockelbogen geplant haben, ist es jetzt an der Zeit, diesen zu bauen. Anschließend kleben Sie alle Teile Ihres Sockels zusammen. Sobald der Sockel fest ist, bauen Sie die Kachelwand oder die Schamottemauer auf. Noch bevor die Kachel in einer Kachelreihe steht, sollten Sie sie ausfüllen. Sie dürfen aber mit dem Aufstellen der ausgefütterten Kachel nicht warten, bis der Schamottemörtel, den sie zum Ausfüttern verwendet haben, ganz abgebunden hat, weil Sie sonst Ihre Hafnerklammern nicht mehr einsetzen können. Wenn Sie Ihre Kacheln am Boden ausrichten und mit Haftmörtel zu Wänden verkleben, sollten Sie anschließend die Wände aufstellen, sie fixieren und mit den angrenzenden Wänden verkleben. Auf ein Verklammern der Kacheln können Sie dabei verzichten. Wenn Sie sich für einen verputzten Ofen entscheiden, müssen Sie deshalb nicht ganz auf Keramikverzierung verzichten. Es besteht ja auch die Möglichkeit, ein paar Zierkacheln auf die Ofenmauer zu kleben und einzuputzen. Sie können dann auch selbst aus Putz Simse an Ihrem Ofen gestalten.

Verputzter Ofen mit Sturz über dem Sockelbogen

Aufbau eines Kombiofens

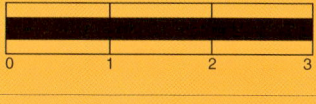
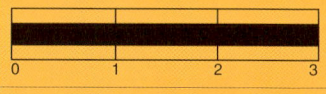
Der Aufbau eines Kombiofens unterscheidet sich in ein paar Punkten vom Aufbau eines Warmluftofens. Im Kombiofen steht, wie im Warmluftofen, ein Heizeinsatz, der die Wärme über seine Oberfläche an den Raum abgibt. Der Nachheizkasten ist jedoch durch Schamottezüge, wie sie der Grundofen hat, ersetzt. Schamottezüge sind in der Lage, Wärme zu speichern und langsam wieder abzugeben. Dadurch ist die kurzfristig vom Kachelofen abgegebene Wärmemenge geringer als beim reinen Warmluftofen. Jedoch gibt der Kombiofen Wärme über einen längeren Zeitraum ab, auch wenn das Feuer im Brennraum bereits erloschen ist.

Ökotip
Es gibt Einsatzhersteller, die sogenannte Iso-Brennkammern für Ihre Heizeinsätze verwenden. Das führt dazu, daß sich die Brennraumtemperaturen erhöhen und daß das Holz dadurch besser und schadstoffärmer verbrennt.

Ein weiterer wesentlicher Vorteil besteht darin, daß diese Nachheizzüge aus Schamotte ihre

Wärme als Strahlungswärme an den Wohnraum abgeben, die wesentlich angenehmer ist als Konvektionswärme. Die Züge dürfen nicht so lang sein, daß der Unterdruck im Schornstein nicht mehr ausreicht und der Kachelofen nicht mehr zieht.

Da alle führenden Heizeinsatzhersteller ohnehin nur über den Fachhandel verkaufen, wird man Sie dort sicherlich beraten. Der Aufbau der Schamottezüge geht am einfachsten, wenn Sie sich für diesen Einsatzbereich vorbereitete Bausätze aus Formsteinen besorgen.

Heizeinsatz

Aufbau eines Grundofens

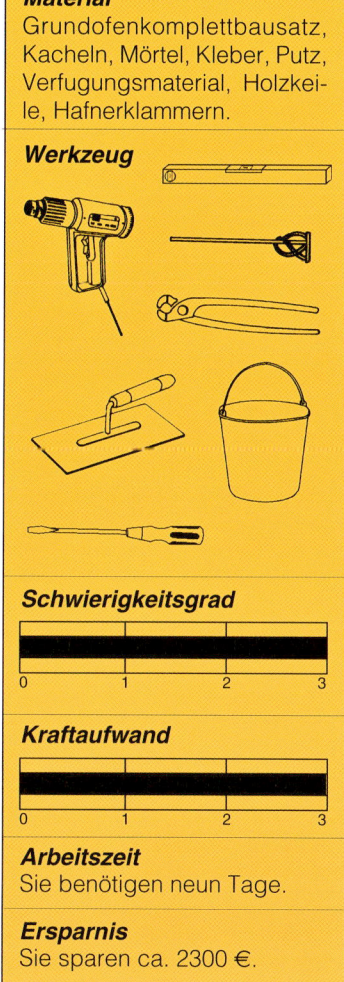

Einen Grundofen selbst zu berechnen und aufzubauen, ist sicherlich nicht jedermanns Sache. Es gehört schon eine gehörige Portion Fachwissen dazu, den Brennraum, die Sturzzüge, die Steigzüge und liegenden Züge richtig zu berechnen. Da selbst für viele Hafnerbetriebe das Thema Grundofen heikel ist, sollte es für Sie als geübten Heimwerker nicht ehrenrührig sein, wenn Sie zu einem Bausatz greifen. Achten Sie darauf, daß dieser ordentlich berechnet ist. Je größer die sichtbare Oberfläche des Grundofens ist, umso größer ist der Strahlungsanteil der abgegebenen Wärme. Im Brennraum des Grundofens steigt die Temperatur bis über 1000° C. Bei diesen hohen Temperaturen müssen die Baumaterialien nicht nur sehr hochwertig, sondern auch noch entsprechend untereinander verbunden sein. Beim Erhitzen dehnt sich Schamotte, beim Abkühlen zieht sie sich wieder zusammen. Bei einer zweischaligen Bauweise überträgt sich diese stärkere Dehnung der inneren Schamottesteine nicht auf die sichtbare Außenschale. Dadurch wird eine Rißbildung an der Oberfläche weitestgehend ver-

mieden. Kleine Haarrisse überstreichen Sie einfach. Prüfen Sie die Qualität des angebotenen Materials. Je genauer die Aufbauanleitung des Herstellers ist und je genauer die Schamotte auf Maß vorbereitet sind, desto leichter gelingt der Aufbau. Die Berechnung des Grundofens sollten Sie sich aushändigen lassen, damit Sie alle zugesagten Werte nachvollziehen und nachprüfen können.

Das folgende **Grundofensystem** wird auch von vielen Meisterbetrieben verwendet. Es bietet Ihnen durch übersichtliche Pläne jeder Schamottelage und einer gut verständlichen Aufbauanleitung die Sicherheit, daß Ihr Grundofen gut funktioniert und eine lange Lebensdauer erreicht. Das System gewährleistet Ihnen, daß Sie beim Aufbau die vorgeformten Systemsteine genau richtig aneinanderreihen. Wenn Sie also das Material vollständig haben, mit dem Schornsteinfegermeister die Eignung Ihres Schornsteins besprochen haben und keine statischen Probleme Ihres Ofenstandorts zu befürchten sind, dann können Sie mit dem Aufbau beginnen. Ein Beton- / Estrichfundament oder eine

1

3

4

2

5

ausreichend große Aussparung im Estrich muß vorhanden sein. Ein Kachelofen darf aufgrund seines hohen Gewichts nicht auf einen schwimmenden Estrich gestellt werden. Unser Beispiel zeigt einen Ofen, der von der Diele aus befeuert wird und mit einem Teil das Wohnzimmer heizt. Durch die Wand durchgebaut, beheizt der Grundofen auch noch das Eßzimmer. In jedem dieser drei Räume kann der Kachelofen so gestaltet werden, daß er zum jeweiligen Einrichtungsstil paßt. Sofern Sie die erforderliche Wandstärke des Ofens beachten, spielt es keine Rolle, ob Sie einzelne Teile verkacheln oder verputzen. Je weiter Sie sich mit dem Rauchgaszug vom Brennraum entfernen, desto weniger Wärme steht Ihnen zur Verfügung. Sie können dies ausgleichen, indem Sie die Wand Ihres Kachelofens dünner machen, je weiter Sie sich vom Brennraum entfernen. Dann bekommen Sie annähernd die gleiche Oberflächentemperatur wie nahe am Brennraum. Das hat jedoch den Nachteil, daß die Speichermasse geringer ist und der Ofen schneller abkühlt. Wenn Sie die **Wandstärke** über die gesamte Zuglänge gleich stark bauen, wird der Grundofen bei einmaliger Befeuerung am Ende des Zuges weniger warm. Wenn Sie den Ofen nicht nur am Abend kurz anheizen, sondern über ein paar Tage einmal morgens und einmal abends heizen, gleicht sich das sehr schnell aus. Er hat dann bei der mittelschweren Bauweise auch am Zugende genügend Speichermasse, um die Wärme über ca. 12 Stunden speichern und gleichmäßig an den Wohnraum abgeben zu können.

1 Sie zeichnen sich Ihren Ofengrundriß auf den Boden. Beachten Sie, daß beim Grundofen der Sockel, mit ca. 10 cm Abstand, auch an der Wohnraumwand gebaut werden muß. Stellen Sie auch innerhalb der Sockelaußenmauer einige Stützen auf. Es sollten keine Zwischenräume von mehr als 30 cm entstehen.

2 Die Leichtbausteine für den Sockel sägen Sie mit einer Leichtbausteinsäge oder einer Steintrennmaschine. Mit einer solchen Steintrenn- oder Naßschneidemaschine können Sie Ihre Kacheln und Schamottesteine sauber schneiden. Trennmaschinen werden von Baumärkten verliehen.

Sicherheitstip

Achten Sie beim Arbeiten mit der Steintrennmaschine darauf, daß kleine Teile nicht mit der Hand an die Trennscheibe herangeführt werden. Wenn Ihre Maschine einen beweglichen Schneidetisch hat, können die zu schneidenden Teile mit einem Band auf dem Schneidetisch befestigt und dann gefahrlos an die Trennscheibe herangeführt werden.

Steintrennmaschine

6

7

3–5 Auf den Sockel legen Sie eine **Stahlplatte**. In einem dünnen Mörtelbett auf dieser Stahlplatte liegt die erste Schamotteschicht. Bei unserem Beispiel handelt es sich um einen zweischalig gebauten Grundofen. Seitlich sind die beiden Schalen durch ca. 2 cm Zwischenraum getrennt. Da die Wärme durch Strahlung vom Kern auf die Außenschale übertragen wird, stellt diese stehende Luft keine wesentliche Isolierung dar.

6 Die **Systemsteine** des Ofenkerns sind vorgeformt. Damit Sie beim Aufbauen nicht jeden Stein suchen müssen, sollten Sie die einzelnen Reihen auslegen.

7–9 Auf ein weiteres Mörtelbett werden jetzt die Bodensteine des Ofens gelegt. Die einzelnen Baureihen des Schamottekerns werden jetzt so gesetzt, daß jeder Stein genau an der Stelle sitzt, die ihm durch den mitgelieferten Plan zugewiesen wird. In die eingearbeiteten Löcher werden Stifte gesteckt.

10 Zwischen die Steine kommt dünn aufgetragener Schamottemörtel. So kann sich der Ofenkern dehnen, und er wird bei der Abkühlung wieder in seine ursprüngliche Form zurückgeführt.

11–12 Der **Ofenkern** wird nach oben sowohl zwischen übereinanderliegenden Zügen als auch an der Ofendecke durch passende Platten mit Steckverbindungen abgedeckt.

9

11

8

10

12

13 Ihr Grundofen braucht an den Zügen verteilt **Putzöffnungen**, so daß Sie später jede Stelle Ihres Rauchgaszugs erreichen können. Diese Putzöffnungen müssen an geeigneten Stellen am Ofenkern freigelassen werden. Bei unserem Beispiel sind diese Putzöffnungen bereits in der Planung des Kachelofens berücksichtigt und die Steine entsprechend vorbereitet worden.

13

14 Wenn Sie jetzt die zweite, die äußere Schamottemauer, etwa 2 cm von der Kernmauer abgerückt aufbauen, schneiden Sie hier eine etwas größere Öffnung als am Ofenkern. Sie können dann später den Putzdeckel des Ofenkerns durch diese Öffnung herausziehen. Wenn Sie als äußere Schale an Ihren Kachel-

ofen eine Kachelwand setzen, brauchen Sie entweder an genau der richtigen Stelle eine Putzkachel oder Sie schaffen sich im Ofenkern selbst eine Putzöffnung an der Stelle, an der die Putzkachel in der Kachelmauer sitzt. An der Oberkante Ihrer Ofenaußenwände legen Sie Winkeleisen auf, so daß Sie eine Ofendecke bauen können, die die Decke des Ofenkerns nicht berührt. Sie sollten auch hier einen Abstand von ca. 2 cm einhalten. Sie legen auf Ihre Schamotteplatten die Winkel und haben so eine glatte Fläche.

14

15 Der Grundofen kann jetzt verputzt werden. Vor dem Verputzen sollten Sie den Ofen anheizen und warten, bis er sich auf ca. 30 - 40°C erwärmt hat.

16 Beim Grundofen in zweischaliger Bauweise ist auch die Möglichkeit gegeben, Kachelwände vorzubereiten und dann komplett aufzustellen.

15

16

Feuerraumtür

18

17

19

17–18 Planen Sie dabei aber sehr genau, wo Sie Ihre **Putzkacheln** einsetzen, wenn in diesem Bereich welche erforderlich sind. Wenn Sie irgendwelche Aufbauten oder seitliche Anbauten geplant haben, sollten Sie das noch vor dem Verputzen berücksichtigen.

19 Diese Teile werden ebenfalls verputzt und können später in einem Arbeitsgang mitgestaltet werden. Bögen oder Anbauten bauen Sie wie in der Beschreibung Blindanbauten erläutert. Denken Sie auch an eine **Ofenbank** oder einen **Sockelbogen**. Wenn auch in einem geringeren Maß als ein Warmluftofen braucht ein Grundofen im Sockelbereich eine **Luftöffnung**. Diese Luft erwärmt sich unter dem Ofen und an der Hinterlüftung zwischen Ofen und Zimmerwand. Dadurch entsteht eine Luftströmung, die die Wärme in den Wohnraum transportiert. Der Grundofen heizt aber zu ca. 70 Prozent durch die von seiner Oberfläche abgegebenen Strahlungswärme. Wenn die Putzfläche getrocknet ist, können Sie sie streichen. Die Kachelfläche wird noch mit einer sogenannten **Flexfuge** verfugt.

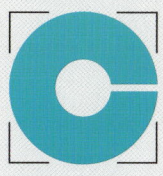

Aufbau eines Heizkamins

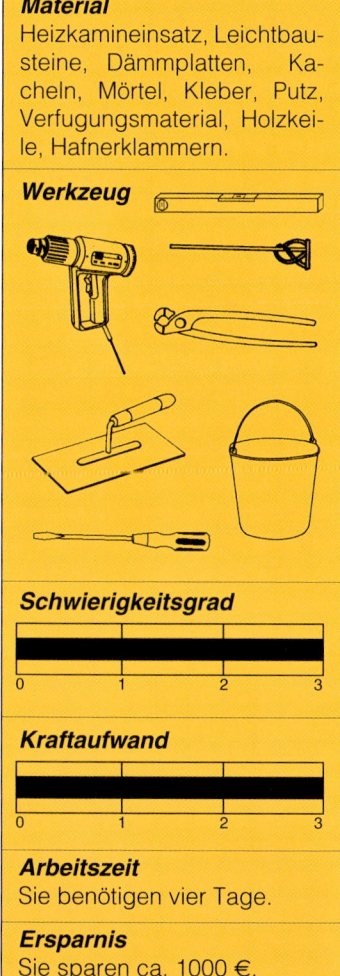

Material
Heizkamineinsatz, Leichtbausteine, Dämmplatten, Kacheln, Mörtel, Kleber, Putz, Verfugungsmaterial, Holzkeile, Hafnerklammern.

Werkzeug

Schwierigkeitsgrad

0	1	2	3

Kraftaufwand

0	1	2	3

Arbeitszeit
Sie benötigen vier Tage.

Ersparnis
Sie sparen ca. 1000 €.

Der Heizkamin verbindet die gute Heizleistung eines Kachelofens mit dem angenehmen Knistern und dem Lichtschein des offenen Kamins. Im Vergleich zum offenen Kamin ist sein Wirkungsgrad wesentlich besser. Ihm fehlt jedoch in der Regel der Nachheizkasten des Kachelofens, der einen wesentlichen Teil der Heizleistung ausmacht. Beim Bau des Heizkamins gehen Sie genauso vor wie beim Warmluftofen. Denken Sie jedoch daran, daß Sie, wenn Sie das Feuer mit offener Glastür genießen wollen, eine ausreichend ausgelegte **Zuluftführung** benötigen. Der Heizkamin besteht aus einem Metalleinsatz, der über Rauchgasrohre mit dem Kamin verbunden wird. Wenn an Ihrem Kamin noch andere Brennstellen hängen, benötigen Sie an Ihrem Heizkamin eine selbstschließende Tür. Der Einsatz hat meistens höhenverstellbare Füße. So bringen Sie die Feuerstelle immer auf die von Ihnen gewünschte Höhe. Sie dämmen die Zimmerwände im Bereich des geplanten Heizkamins und mauern, nachdem Sie den Kaminanschluß fertiggestellt haben, die Schale Ihres Ofens wie beim Warmluftofen auf.

Hochschiebbare Tür

Drei Sichtfenster

Aufbau eines Kaminofens

Material
Kaminofen, Bodenplatte, Kacheln, ggf. Haftmörtel für Kacheln, Säurekleber für Kaminanschluß.

Werkzeug

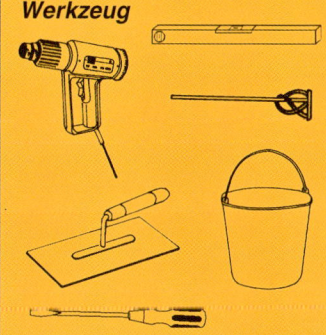

Schwierigkeitsgrad

0	1	2	3

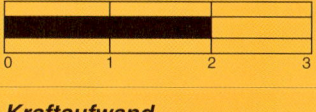

Kraftaufwand

0	1	2	3

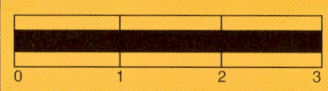

Arbeitszeit
Für den Kaminofen brauchen Sie nur einen Tag.

Ersparnis
Sie haben eine Ersparnis von etwa 250 €.

Kaminöfen *(1–3)* sind fertig im Fachhandel erhältliche Öfen. Es gibt hier sehr große Qualitätsunterschiede. Der Kaminofen kann auf einen vorhandenen schwimmenden Estrich gestellt werden. Die Bodenvorbereitung entfällt hier. Sie brauchen aber auch beim Kaminofen rund um die Feuerstelle einen **unbrennbaren Bodenbelag**. Entsprechende Bodenplatten aus Glas, Blech oder Keramik können Sie passend zu Ihrem Ofen beziehen. In der Regel werden die Schamottesteine und Platten, mit denen der Brennraum ausgekleidet ist, separat verpackt geliefert. Mit der Einbauanleitung wird es Ihnen leicht fallen, diese Schamotte, die genau vorgefertigt sind, einzubauen.

Der Kaminofen hat sich zum modernen Heizgerät entwickelt, das eine gute Heizleistung hat und sauber verbrennt. Der Kaminofen hat den großen Vorteil, daß sein Einbau problemlos abläuft. Sie benötigen nur wenig Platz für eine gemütliche Feuerstelle und können den Ofen bei einem Umzug einfach abbauen und mitnehmen. Wenn der Kamin mehrfach belegt ist, brauchen Sie eine selbstschließende Tür.

1

2

3

Ein dekorativer Heizkamin

Wo finde ich was?

Abbildungsverzeichnis

Die nachstehend aufgeführten Firmen haben Bildmaterial zur Verfügung gestellt. Da sie damit zur Gestaltung dieses Buches beigetragen haben, möchten wir Ihnen für die freundliche Unterstützung danken.

Ulrich Brunner GmbH, Zellhuber Ring 17–18, 84307 Eggenfelden, Tel.: 0 87 21/77 10, Fax: 0 87 21/7 71 10: 18, 77, 80, 81.

DAN-SKAN GmbH, Bungwedeler Str. 7–8, 30657 Hannover (Bothfeld), Tel.: 05 11/64 80 48, Fax: 05 11/6 49 78 81: Umschlagbild, 25, 41, 92, 93.

Ganz Baukeramik AG, Dorfstr. 107, CH-8424 Embrach, Tel.: 0 04 11/8 65 05 21, Fax: 0 04 11/8 65 54 92: 5, 65, 76.

Institut für Baubiologie + Oekologie, Prof. Dr. Schneider, Holzham 25, 83155 Neubeuern, Tel.: 0 80 35/20 39, Fax: 0 80 35/81 64: 17.

Kaufmann Keramik GmbH, Otto-Hahn-Str. 1, 95111 Rehau, Tel.: 0 92 83/10 46, Fax: 0 92 83/43 25: 4, 14, 15, 16, 49, 65, 82, 90, 94.

Fa. Meteg, Schulstr. 21, 85276 Pfaffenhofen/Ilm, Tel.: 0 84 41/80 85 11, Fax: 0 84 41/80 85 19: 42.

Fa. Olsberg Hermann Everken GmbH, Hüttenstr. 38, 59939 Olsberg, Tel.: 0 29 62/8 05-0, Fax: 0 29 62/80 51 80: 93.

Prometheus-Öfen, Produktions- und Handels GmbH, Mühldorfgasse 43, A-5020 Salzburg, Tel.: 00 43/6 62/43 33 38, Fax: 00 43/6 62/43 33 38-4: 26, 28, 29, 73.

Deutsche Rockwool Mineralwolle GmbH, Postfach 207, 45952 Gladbeck: 4, 55.

Schiedel GmbH u. Co., Lerchenstr. 9, 80995 München, Tel.: 0 89/3 54 09-0, Fax: 0 89/3 54 09-296: 13.

Fa. Spartherm, Selhofer Weg 115, 49324 Melle, Tel.: 0 54 22/9 44 10, Fax: 0 54 22/94 41-14: 91.

Wild Kachelofendesign GmbH, Wittenberger Str. 45, 80993 München, Tel.: 0 89/1 40 13 30, Fax: 0 89/1 40 13 19: Zeichnungen (Walter Kruska), Arbeitsanleitungsbilder.

Wodtke GmbH, Hirschau Rittweg 55–57, 72070 Tübingen, Tel.: 0 70 71/7 00 30, Fax: 0 70 71/70 03 50: 93, 89.

Wolfshöher Tonwerke GmbH, Wolfshöhe, 91233 Neunkirchen am Sand, Tel.: 0 91 53/6 54, Fax: 0 91 53/43 42: 47.